ブッダの〈今を生きる〉瞑想

Our Appointment with Life
&
Two Treasures

by Thich Nhat Hanh

Japanese translation rights arranged with
Janklow & Nesbit Associates
through Japan UNI Agency, Inc., Tokyo.

ティク・ナット・ハン
島田啓介 訳

ブッダの〈今を生きる〉瞑想

THICH NHAT HANH
OUR APPOINTMENT WITH LIFE
TWO TREASURES

野草社

はじめに

仏教経典は数多くありますが、本書で取り上げた三つの経典は、「四種の〈気づき〉を確立する経典」「呼吸による完全な〈気づき〉の経典」（『ブッダの〈気づき〉の瞑想』『ブッダの〈呼吸〉の瞑想』野草社刊所収）と並んで、私たちすべてにとっての基本になるものです。つねに手もとに置いて、読み込むようにしてください。これらの経典は、ブッダが直接説いた言葉であり、目覚めた生き方の真髄を照らし出す光です。これらの教えによって、今この瞬間に存在するすべてのものの本質が見えてくるはずです。

本書は、まず経典本文を置き、そのあとに解説が続く構成になっています。まず経典を読みましょう。解説から読みはじめると、先入観にとらわれる怖れがあります。最初に経典を読むことで、専門家さえ見落としていたところが目にとまるかもしれません。自分の経験や苦しみに照らして、経典を理解するように努めてください。「ここに書かれたブッダの教えと私の生活との関わりは？」と自問してみましょう。抽象的な考えも悪くはありませんが、それがみなさんの生き方につながらないなら、何の意味があるでしょうか？

本書は、ゆったりと入浴したあとなど、身心ともにリラックスしているときに読むことをお勧めします。ろうそくに灯をともしたり香を焚くなどして、部屋を心地よい光や香りで満たすのもいいでしょう。

そうして意味を深く噛み締めながらゆっくりと読んでください。どの経典も非常に長い歳月を経ていますが、みなさんが日常の中で実践してはじめて、いのちを吹き返し理解をもたらすものとなります。深く読み込むほど、これらの教えは、その深遠な智慧を説き明かしてくれるでしょう。

ティク・ナット・ハン

ひとりで生きるより良き道の教え

幸福についての教え（吉祥経）

ブッダの〈今を生きる〉瞑想

いのちと出会う場所は「今ここ」です。
出会うところ、それはあなたのいるここ以外にありません。

——ティク・ナット・ハン

ひとりで生きる
より良き道の教え

テーラナーモ・スッタ

長老経◇1

世尊がシュラヴァスティの町*にあるジェータ林の僧院**に滞在していたある日、私はこのように聞いた。当時、ひとりだけでいることを好んだテーラ（長老）という名の比丘がいた。彼はことあるたびに、孤独にとどまる修行を称賛していた。そして誰からも離れて托鉢《たくはつ》をし、ひとりきりで座って瞑想した。

あるとき、何人かの比丘たちがブッダにたずねた。彼らはブッダの足もとに平伏して敬意を表してから、脇へしりぞき、離れた場所に腰をおろしてこう聞いた。「世尊よ、テーラという名の、ひとりだけでいることを好む年長の比丘がいるのですが。彼はひとりで村まで托鉢に行き、ひとりで棲家《すみか》に戻り、座る瞑想もひとりきりでするのです」

ブッダは比丘のひとりに向かって言った。「テーラという僧のところへ行き、私が会いたがっていると告げなさい」

比丘はその通りにした。テーラという僧はブッダの伝言を聞くとすぐさまやって来て、ブッダの足もとに平伏し、脇へしりぞき、離れた場所に腰をおろした。世尊は比丘テーラにたずねた。

＊――パーリ語でサーヴァッティ。漢訳では舎衛城。ブッダの出生地カピラヴァストゥの西にあった、コーサラ国の首都。

＊＊――祇園精舎のこと。ジェータ太子所有の園林にスダッタ長者が築いた僧院。

「あなたがひとりでいることを好み、孤独な暮らしを称賛し、ひとりで托鉢をしてひとりで家へ戻り、座る瞑想もひとりでするというのは本当か？」

「世尊よ、本当です」、テーラは答えた。

「その暮らしはどんなものか？」、ブッダは聞いた。

テーラは答えた。「私はひとりで暮らし、ほかには誰もいません。孤独にとどまる修行を讃えています。ひとりで托鉢をしてひとりで家へ戻り、座る瞑想もひとりでします。これがすべてです」

そこでブッダはテーラにこう説いた。「あなたはたしかに、ひとりで生きる修行を好んでいるようだ。それを否定はしまい。しかしひとりで生きるために、さらにすばらしく深遠な道があることを伝えよう。

過去はすでになく、未来はまだ来ない、欲から解放され今このときに安らいでとどまる――これを深く見抜き理解する道である。このように生きる者は、心に一片の迷いもない。あらゆる不安や悔いを捨て、欲の束縛を解いて、解放をはばむ枷《かせ》を断ち切る。これこそ『ひとりで生きるより良き道』である。ひとりで生きるためにこれ以上の道はない」

そして世尊は次の偈《げ》*（ガーター）を吟じた。

いのちを深く見つめれば

*――教えや実践法を短詩のかたちであらわしたもの。

そのあるがままの真実を曇りなく知ることができる
何ものにもとらわれずに
あらゆる貪欲を取り除くことができる
それにより、人生は安らぎと喜びに満たされる
これこそ、真にひとりで生きるということだ

世尊の言葉を聞き、僧テーラは歓喜した。そして伏して敬意をあらわし、戻った。

バッデーカラッタ・スッタ

ひとりで生きるより良き道の教え（一夜賢者経）

世尊がシュラヴァスティの町にあるジェータ林の僧院に滞在していたある日、私はこのように聞いた。ブッダはすべての僧たちを呼び集め、声をかけた。「比丘たちよ！」

「はい、そろっております」、比丘たちは応える。

世尊はこのように話しはじめた。「『ひとりで生きるより良き道を知る』とはどういうことか、伝えよう。まずその概要を、ついでくわしくその内容を説明していこう。よくよく聴きなさい」

「世尊よ、拝聴いたします」

ブッダはこのように説いた。

過去を追いかけず
未来に心を奪われるな
過去はすでになく
未来はまだ来ていない
まさに今ここにおいて
いのちを深くありのままに見つめれば
その修行者の心は、不動そして自在にとどまる

今日を励みつつ生きること
明日を待つのでは遅すぎる
死は突然にやって来る
それを避ける手立てはない
賢者は言う
昼も夜もマインドフルネスにとどまる者こそ
『ひとりで生きるより良き道を知る者』であると

「比丘たちよ、『過去を追いかける』とはどういうことか？　自分の体（色）がかつてどうであったか、感覚（受）がどうであったか、認知（想）がどうであったか、心の形成（行）がどうであったか、意識（識）

がどうであったかなどと考え、これら過去に属する物事に思いわずらい、執着するなら、その者は過去を追いかけている」

「比丘たちよ、『過去を追いかけない』とはどういうことか？　自分の体がかつてどうであったか、感覚がどうであったか、認知がどうであったか、心の形成がどうであったか、意識がどうであったかなどと考えても、これら過去に属する物事にとらわれず、執着しないなら、その者は過去を追いかけてはいない」

「比丘たちよ、『未来に心を奪われる』とはどういうことか？　自分の体が行く末どうなるだろうか、感覚が行く末どうなるだろうか、認知が行く末どうなるだろうか、心の形成が行く末どうなるだろうか、意識が行く末どうなるだろうかなどと考え、これら未来に属する物事に思いわずらい、夢想するなら、その者は未来に心を奪われている」

「比丘たちよ、『未来に心を奪われない』とはどういうことか？　自分の体が行く末どうなるだろうか、感覚が行く末どうなるだろうか、認知が行く末どうなるだろうか、心の形成が行く末どうなるだろうか、意識が行く末どうなるだろうかなどと考えても、これら未来に属する物事に思いわずらわず、夢想しないなら、その者は未来に心を奪われてはいない」

「比丘たちよ、『現在に押し流される』とはどういうことか？　目覚めた存在（ブッダ）や、慈愛と理解の教え（ダルマ）や、調和と気づきのうちに生きる集まり（サンガ）について学びも知りもせず、聖なる導師たちやその教えを知らず、実践することもなく、『この体が自分だ、私とはこの体のことだ。この感覚が自分だ、私とはこの感覚のことだ。この認知が自分だ、私とはこの認知のことだ。この心の形成が自分だ、私とはこの心の形成のことだ。この意識が自分だ、私とはこの意識のことだ』と考えるなら、その者は現在に押し流されている」

「比丘たちよ、『現在に押し流されない』とはどういうことか？　目覚めた存在や、慈愛と理解の教えや、調和と気づきのうちに生きる集まりについて学んで身に着け、聖なる導師たちやその教えを知って実践し、『この体が自分だ、私とはこの体のことだ。この感覚が自分だ、私とはこの感覚のことだ。この認知が自分だ、私とはこの認知のことだ。この心の形成が自分だ、私とはこの心の形成のことだ。この意識が自分だ、私とはこの意識のことだ』などと考えないなら、その者は現在に押し流されてはいない」

「比丘たちよ、私はここに『ひとりで生きるより良き道を知る』ことの概要とその詳細を伝えた」

ブッダはこのように説き、比丘たちは歓喜してその教えを実践に移した。

経典解説

ひとりで生きるとは？

「ひとりで生きるより良き道」はブッダの教えをしるしたもっとも古い経典のひとつで、パーリ語でバッデーカラッタ・スッタ（中部経典一三二）と呼ばれ、今ここに生きるための術《すべ》を教えています。

「ひとりで生きることを知る」、それは世俗を離れて洞窟にこもる勧めではありません。ひとりで洞窟で瞑想しても、妄想にふけっていたとしたら、真にひとりでいることにはならないのです。

「ひとりで生きる」、それは自分自身の主《あるじ》となること、そのときどきの状況から生まれる強い感情によって、過去に心を奪われたり未来への怖れにとらわれたりせずに、心が解放されているという意味です。あなたがあなた自身の主人であるとき、目前の状況をありのままに受け止めることができ、何が起こっても最善の対応ができるようになります。

昼も夜もマインドフルネスをたもつこと、それこそ「ひとりで生きるより良き道」の本当の実践です。友人や家族とともにいても、ひとりきりで暮らしていても、その点では同じなのです。

「あなたはガンなので、おそらくあと六カ月ほどしか生きられません」、医者からそう宣告されたら、どうしようもなく打ちひしがれた気持ちになるでしょう。「六カ月で死ぬんだ」と考え、怖れるばかりで心の安らぎも喜びも消え失せます。医者にそう言われる前には、座ってお茶を味わったり、食事をしたり、月を眺めたりできたのに、怖れる心が喜びも自由もまるごと奪い去ったのです。

しかしその医者の言葉を、マインドフルネスの鐘にすることができます。私たちの余命は六カ月かもしれないし、七カ月、いや十年かもしれません。死は万人に訪れるものと知り、受け入れれば、それほど苦しまずにすむでしょう。あなたの余命は六カ月だと告げた医者自身もやがて死ぬのです。もしかするとあなたより先に。むしろ六カ月残っていてよかったといえるかもしれません。

深く見つめることによって、ぼんやりしていれば見過ごしてしまうものが見えてきます。怖れからの解放を取り戻せば、その心の自由と無畏《むい》（怖れのない心）によって、幸福な気持ちでその六カ月間を過ごすことができるかもしれません。

生と死という点では、誰しもが平等です。死は万人に訪れます。しかし死ぬ以前に、私たちはしっかりと生きることができているでしょうか？　より良く生きるなら、六年または六十年生き延びるよりも、残された六カ月の質は高くなるかもしれません。苦しみの檻の中に閉じこもっていたら、自由な生き方とはかけ離れた人生になるでしょう。

自分が死すべき運命にあると知れば、より良く意義深く生きていく決意をすることができます。心に安らぎ、喜び、自由がなければ、私たちはすでに死んでいるも同然になってしまいます。

「ひとりで生きるより良き道」の経典の中でブッダは、自由を取り戻す努力をし、日々の一瞬一瞬を深く生きなさいと教えています。どんな瞬間でも暮らしの中に安らぎと喜びがあるなら、体と心の苦しみは癒されるでしょう。毎日の一瞬ごとを深く生きれば、人生のすばらしさに触れることができるようになります。そして、そのすばらしい要素が身心を養い、苦しみを包みこみ変容させるのです。すべての日々を深く生きることができれば、人生は驚きと豊かさと癒しに満たされるでしょう。

私たちが自由を取り戻し、いのちを深く体験し、真実を現実のものにし、目覚めた理解（覚智）を得るためには、こうした生きかたが必要なのです。そのとき怖れ、不安、苦しみ、悲しみは消えうせ、私たち自身が自分とまわりの人びとにたいする喜びといのちの源になるでしょう。

今この瞬間をひとりで生きる

今ここにある幸せが目に入らず、過ぎ去ったむかしのほうが良かったと考える人もいます。多くの人が、こんな思いにとらわれています。過去はもう存在しないのに、私たちは今とむかしを比較します。かつて私たちは一瞬一瞬を生きていたはずなのに、その真価を認めませんでした。現在と同じく過去においても、「今ここ」に生きることがなかったからです。

かつて苦しんだことがもとで、過去から離れられない人もいます。誰もが苦しんだ経験をもっていますが、その深い痛手が私たちを引き戻そうとするのです。「戻っておいで、過去からは逃げられないんだよ」。過去へと駆け戻る羊の群れになるとしたら、私たちは過去につかまり、閉じこめられて苦しむことになるでしょう。

友人と一緒にいても、その相手の心が過去にあるなら、私たちは置き去りにされた気持ちになります。そばに座っていても、その人がそこに存在しないのですから。友人を過去から自由にしてあげる方法を見つけられるでしょうか。

何を考えているのと聞いたり、そっと触れて今この瞬間への気づきに誘うことができるかもしれません。相手は気をとりなおして微笑み、過去という檻の中から解放されるでしょう。

引き戻されたくなくても、過去のほうが私たちをつかまえて引きつけることもあります。まっすぐに過去を見つめ、微笑みながら言い渡しましょう。「思いのままにはさせないぞ。私はお前から自由なのだ」と。過去は幻影にすぎません。その事実を知っていても、私たちはとらわれの身に甘んじているのです。

走って未来を追いかけまわす人もいます。未来もまた幻影です。私たちはなぜ未来を怖れるのでしょう？　明日にはそうなるだろう、またはそうならないかもしれない、怖れはこうした心配から生まれます。しかし、未来はまだここにないから未来なのです。ここにあるはずがありません。ここにあるとき、それは現在なのですから。

幻影と一緒に生きているときには、あなたはひとりではなく、ほかの何者かとともにいます。食事をしていても隣にその幻影が連れ添っています。友人が幻影と一緒に座っているのに気がついたら、「隣にいるそれは誰？」と尋ねてもいいでしょう。友はたぶんそれに気がついてくれるでしょう。

まとわりつきたがるのは、過去や未来の幻影だけではありません。何かへの陶酔、執着、惨めな気持ち、今ここの喜びを奪う計画など、それは現在でも起こります。これらもろもろによって、私たちは自分ひとりになれず、幻影とともに生きているのです。

過去と未来の幻影は、多くの自由を奪います。私たちはその奴隷になりかねません。幻影は私たちにつきまとい、人生を決定し、指図するようになります。

しかし対処の仕方を知っていれば、振りまわされることはけっしてありません。微笑みかけるだけで十分です。呼吸しながら今この瞬間の気づきに戻り、「やあ、君は幻影だったんだね」、そう言うだけでいいのです。

今この瞬間に気づくとは、過去や未来のことを絶対に考えないということではありません。過去や未来を深く見つめながらいつでも現在に意識をしっかりと置く、それによってどんな怖れや悲しみにも飲み込まれないようになります。相互存在（インタービーイング）*の教えは、過去が現在をつくり現在が未来をつくると言っています。今ここに触れれば、それだけで過去と未来に触れていることになるのです。

過去や未来の幻影にとらわれるのは、それが幻影であると知らないからです。私たちは、過去が依然としてここにあると思い込み、それに執着します。しか

＊——単独で存在するものはなく、すべてはつながり合っているという真理。一即多・多即一、相即相依（そうそくそうえ）、または縁起（えんき）とも言いあらわされる。

し過去の幻影に微笑みかけ、かつては存在したけれど今はここにはないと知るとき、目覚めの微笑みがやってきます。その微笑みは、自分自身への愛の表現です。

もちろん過去も未来もあなたの敵ではありません。あなたには、今存在するこの瞬間にとどまる生き方がすでにわかっています。日常の一瞬一瞬を、体験するままに深く生きましょう。自分が生きていることをしっかり理解して生きること、それが自由なのです。

大いなる安らぎのうちにひとりで生きる

ブッダの在世時に、ひとりで過ごすことを好むエカビハリヤという名の比丘がいました。彼の名は、「ひとり（エカ）」と「暮らす（ビハリヤ）」を合わせたものです。ブッダはあるとき、簡潔な偈《げ》をもって、彼のことを讃えました。

ひとりで座り、ひとりで休む
ひとりでたゆむことなく進む
苦しみの根源を深く理解する者は
孤独にとどまりながらも
大いなる安らぎをほしいままにする

――ダンマパダ所収

エカビハリヤという僧は、修行者の仲間から深く愛され、尊敬されていました。また、テーラ（長老）という名の僧がいました。彼もまたひとりで過ごすことを好み、つねに孤独な生き方を称賛していましたが、修行僧の仲間やブッダに評価されることはありませんでした。

テーラは、単独で修行する他の僧と張り合おうとしたのかもしれませんし、ただひとりきりで瞑想したかったのかもしれません。しかし彼の暮らし方はたんなる見せかけだったので、仲間たちはそこに不自然さを感じていました。

弟子たちがブッダに彼のことを話したので、ブッダはテーラに会いにくるよう言いました。長老経は、この場面を描いています。

テーラがやって来ると、ブッダは彼の暮らしの様子についてたずねました。そしてひとりで生きるために、それよりはるかに深遠ですばらしい、喜びの道があることを伝えたのです。

ブッダはさらに説きました。「過ぎたことは手放しなさい。まだ来ぬものも手放しなさい。今この瞬間に起こっていることを深く見つめながら、それに執着しないように。これこそが、ひとりで生きるのに、もっともすばらしい道である[◇2]」

本経典のパーリ語名である「テーラナーモ」とは、「テーラという名の者」という意味です。ブッダがテーラに経の意味を語ったあと、他の僧たちが経典中で、敬意をこめて元の名の代わりに長老と呼んだのかもしれません。

ブッダの教えによれば、ひとりで生きるより良き道を知るためには、社会から離れて暮らす必要はありません。世塵を遠ざけて森の中に孤立して暮らしてみても、必ずしもひとりで生きることにはならないのです。

過去に浸り切ったり、未来に心を悩ませたり、現在に集中できないときに、私たちの視野は混乱し、ひとりでいることはできません。ひとりで生きるより良き道を知る者とは、群衆の中に身を置いてもはっきりと物事が見える人のことなのです。

ミガジャーラ経[◇3]をはじめ、さまざまな経典の中でブッダはひとりで生きることの重要性に触れています。この経典中では、ひとりで生きる道について耳にしたミガジャーラという名の僧が、ブッダに教えを請いに来ました。

ブッダは彼に説きました。「私たちの視覚の対象であるかたちや映像が、心地よく、喜ばしく、印象的であるとき、渇望や欲が生まれる。それに執着した者はその対象に縛られ、ひとりになることはできない。つねに誰かとともにいるからだ」

「誰かとともにいる」という表現は、パーリ語の「サドゥーティヤビハーリ」の直訳です。これはひとりで生きることの反対です。しかしブッダは、僧のミガジャーラが誰かと一緒に住んでいるという意味でこの言葉を使ったのではありません。たとえそれが意識の対象であっても、何かに縛られるとき人はそれとともに生きる、ということだったのです。

ブッダはさらに続けました。「ミガジャーラよ、もちろん比丘がそうした枷《かせ》に縛られるときには、森の奥に住み、誰もいない寂しい場所で何の障害もなく暮らしていても、彼はほかの者と一緒に生きている。なぜか？　みずからを縛る枷を手放していないからだ。比丘が同居している者とは、そうした枷のことである」

ブッダはミガジャーラに、ひとりで生きるより良き道を知る者こそ安らかな心で生きる者であり、心の形成物に縛られることがないのだと教えました。そのいわゆる心の中の〝固まり〟は、六つの感覚の対象——かたち、音、匂い、味、感触、心からつくられます。

最後にブッダはこう言いました。「ミガジャーラよ、比丘がそのように生きるなら、集落の真中にいても、比丘、比丘尼、在家の修行者たちとともにいても、高貴な人や高官たちに取り巻かれていても、または異なる修行法の実践者たちといようとも、ひとりで生きるより良き道を知る者であることに変わりはない。

あらゆる執着からみずからを解き放ったがゆえに、人はその比丘をひとりで生きる者と呼ぶだろう」

バッデーカラッタの偈◇4（一夜賢者経中の偈）は、テーラとミガジャーラへの説法をブッダ自身が要約したものです。ブッダは、この偈を祇園精舎の比丘たちに読んで聞かせ、のちにそれに対する解説を加えて彼らに話しました。経典のはじめの部分は、このひとりで生きるより良き道の教えが説かれた状況を説明しています。

当時、ブッダの説法を直接聴くことのできる者は、祇園精舎に滞在する出家した僧侶に限られていました。しかし「ひとりで生きるより良き道」が扱うテーマが非常に重要であるゆえに、他の地に住む僧や尼僧たちもしだいにこの偈について知るようになってきました。

温泉林天経*にはこう記されています。「ブッダがラージャガハの竹林精舎**に滞在されていたおり、サミッディ(三弥離提)という僧が近隣の森に住んでいた。ある朝、サミッディが温泉で沐浴し僧衣を身に着けていると、美しい神が姿をあらわし彼のもとに礼拝し、『ひとりで生きるより良き道』の偈を聞き実践したことがあるかどうかと問いかけた。

『サミッディ尊者様、この偈について私たちに説いてもらえるよう、ブッダにお願いしていただけませんか。そうすれば私たちも修行ができます。この偈は、ブッダの教えのもっとも深遠な意味を含んでいると聞いています。悟りの人生の礎《いしずえ》となる教えであり、私たちを目覚めの智慧に導き、涅槃を実現させるというのです』」

神は話し終えると合掌し、サミッディのまわりを時計まわりに三回めぐって敬意を表しました。

サミッディ尊者はブッダを訪ねていきました。彼はその目覚めた人の前にひれ伏し、神との出会いの一部始終を伝えて、「ひとりで生きるより良き道」の偈について説いていただけるよう願いました。

ブッダは、その神が誰か知っているかとサミッディにたずねました。思い当

＊――中部第一三三経「大迦旃延一夜賢者経」とも呼ばれる。

＊＊――現在はラージギルと呼ばれるラージャガハは、古代インドのマガダ国の首都。ブッダが説法した地のひとつで、竹林精舎は霊鷲山の麓にあるブッダが滞在した僧院。インドにはめずらしくその近隣には温泉が出る。

たりませんと答えると、ブッダは神の名を言い、その神が三三天*から来たことを明かしました。

サミッディとその場に居合わせた比丘たちは、もう一度偈について説いていただけるようお願いしました。ブッダはその場で偈を唱えました。

過去を追いかけず
未来に心を奪われるな
過去はすでになく
未来はまだ来ていない
まさに今ここにおいて
いのちを深くまっすぐに見つめれば
その修行者の心は、不動そして自在にとどまる
今日を励みつつ生きること

明日を待つのでは遅すぎる
死は突然にやって来る
それを避ける手立てはない
賢者は言う
昼も夜もマインドフルネスにとどまる者こそ
『ひとりで生きるより良き道を知る者』であると

偈を唱えると、ブッダは立ってみずからの庵《いおり》に帰り、瞑想を始めました。サミッディをはじめとする比丘たちは、偈についてさらに知りたいと思い、ブッ

*――仏教の天界である忉利天（とうりてん）の別名。須弥山の頂上にあり、帝釈天を中央にして三二の神々が配されているので、合計三三の神の天という意味である。

**――ブッダの十大弟子の一人であり、論議第一と讃えられた。摩訶（まか）をつけて摩訶迦旃延とも。

ダの弟子の中でも長老格のひとりであるカッチャーナ**（迦《か》旃《せん》延《ねん》）のもとへ行き、偈を唱えたあと、それについての解説を求めました。

カッチャーナは、数々のすぐれた能力に恵まれた僧として知られていました。そこで比丘たちは、ブッダにその智慧を讃えられていた彼からの、洞察の深い言葉を得ることを期待したのです。最初カッチャーナはそれを辞退し、偈を直接説いたブッダのもとへと行き、直接教えていただくよう言いました。

それでも比丘たちが強くお願いしたので、最後には彼も偈について話すことを承諾したのです。この長老の解説が、温泉林天経の内容の中心です。

偈を説明したのち、カッチャーナは比丘たちに、ときを見計らって直接ブッダに解説をお願いするように言いました。自分自身の言葉は、目覚めた人の洞察にとうてい及ぶものではないと思ったからです。

そこで比丘たちは、サミッディをはじめとする比丘やほかの弟子たちがそろった場で、カッチャーナから聞いた「ひとりで生きるより良き道」の偈について、ブッダに説いていただけるよう請いました。

ブッダは、長老カッチャーナを讃えてから言いました。「善きかな！　私の弟子たちのうちには、ダルマの意味をきちんとつかみ、その教えの大切さを理解している者たちがいる。師が偈を唱えたあとでそれについて説明する機会がないとき、偈の深い意味を理解し、人によく教え聞かせるのは弟子の役割である。

カッチャーナ長老は、修行を積んだ年長の比丘である。彼がみなに話した言葉は、偈の真意を伝えている。また万物の真実のあり方を正しく描写したものだ。それを生かし、みずからの修行に取り入れなさい」

この最初の対話が行われたのは、ガンジス河の右岸にあるマガダ国の首都のラージャガハでした。それに続く記述は、そこからさらに北西に位置する、コーサラ国の首都であったガンジス河左岸のシュラヴァスティの町での出来事です。これについては、釈中禅室尊経《しゃくちゅうぜんしつそんきょう》◇5（釈迦族の庵についての経典）に記されています。

釈迦族の庵は釈迦族の有志によって建てられ、シュラヴァスティからさほど遠くない丘陵地にありました。この庵は別名「無碍庵《むげあん》」「安寧庵《あんねいあん》」などとも呼ばれていました。

そのころ庵には、ローマサカンギヤという比丘が住んでいました。ある夜のこと、夜明け間近に彼は戸外に出て、木陰にある編み込みのベッドに布を広げました。彼がベッドの上に結跏趺坐《けっかふざ》を組んで座り始めると、すぐにとても美しい神が姿をあらわしました。そして彼に向かって平伏し、「ひとりで生きるより良き道」の偈を知っているか、その偈の解説を耳にしたことがあるかとたずねました。

比丘は同じ質問を神に返しました。すると神は、偈を耳にしたことはあるが、その深い意味をひもとく解説を聴く機会はなかったと答えました。比丘は、「偈を耳にしながら解説まで聴かなかったとは、どういうことか？」と問い返しました。

　神は、ブッダがラージャガハに滞在されていたおりに偈の朗唱を聴いた。しかしブッダの解説はなかったと答えました。そしてみずから偈を唱え、比丘にブッダのもとへ赴き偈の解説をいただくように願いました。本書の経典中の偈は、温泉林天経中の偈と同じものです。

　ローマサカンギヤは、シュラヴァスティの祇園精舎に滞在していたブッダのもとを訪れ、一部始終を伝えました。それを聞いたブッダは、彼の前にあらわれたのはチャンダナ（白檀《びゃくだん》）といい、三三天からやって来た神であると告げました。ローマサカンギヤは、ブッダに偈についての詳細をたずねました。

　そこには、たくさんの比丘たちが同座していました。偈に対するブッダの解説は、釈中禅室尊経の主題になっています。

「ひとりで生きるより良き道」の経典に関連するものには、ほかにアーナンダによる経典◇6があります。ブッダがその法話を説いたのはシュラヴァスティでした。

ある夜アーナンダ尊者は、祇園精舎の中心にある法堂に、比丘たちを呼び集めました。そして「ひとりで生きるより良き道」の偈を朗唱し、解説を加えたのです。

翌日の早朝、比丘の中のひとりがブッダのもとへ行き、アーナンダの法話について報告しました。経典中には、その比丘がアーナンダに不信の念をあらわしたとは書かれていませんが、報告を受けたブッダは比丘をアーナンダのもとへ遣わして、自分のもとへと呼び寄せました。

アーナンダが着くとブッダはたずねました。「あなたが昨夜『ひとりで生きるより良き道』の偈を唱え、それについて法話をしたというのは本当か？」

アーナンダは、その通りだと認めました。ブッダは続けて「ここでそれを唱え、その解説をしてくれないか？」と聞きました。

アーナンダが偈を朗唱し、それについての解説を行うと、ブッダはそれに対していくつかの質問をしました。アーナンダによる経典の主要な部分は、このブッダの質問に対するアーナンダの答えによって構成されています。

ブッダはアーナンダの答えを聞くと、それを讃えて言いました。「善きかな！　私の弟子たちの中には、このように教えの真髄を確実に理解する洞察を備えた者がいる」

ブッダは、カッチャーナのときと同じようにアーナンダを讃えました。その日は大勢の比丘たちが参集していました。その中には、アーナンダの法話についてブッダに報告した比丘もいました。

ブッダがこれらの言葉を公に比丘たちに告げたのは、アーナンダ尊者がカッチャーナと同じくダルマ（真理の教え）を正しく理解しており、比丘たちがその教えも実践に取り入れるようにとの思いからだったのでしょう。

ブッダの教えを実践する

ひとりで生きるというのは、この世や社会を捨てるということではありません。ひとりで生きるとは、今この瞬間を生き、現実に起こっていることを深く観ることだとブッダは言いました。そうすれば過去に引き戻されたり、未来への思いにさらわれることはなくなります。

ブッダは、今ここに生きられないなら、森の奥深くに独居したとしても真にひとりであるとは言えないと説きました。今この瞬間に完全に存在するなら、混み合う町の中に身を置いてもひとりで生きているということができる、と言うのです。

コミュニティ（サンガ）の中で仲間とともに実践することは大切です。「食事にはスープが欠かせない、そして実践には友が欠かせない」とベトナムのことわざにもあるように。コミュニティの中で実践するときには、仲間から学び、共同体の実践に身をまかせる（帰依する）ことができます。私たちは、実践のコミュニティの中に身を置きながらひとりで生きる方法を見つけなければなりません。

長老経に出てきた比丘のテーラはコミュニティに属してはいましたが、ブッダのひとりで生きる実践への称賛をときおり耳にするうちに、ひとりで暮らすことを決めました。ひとりで暮らすという「考え」にとらわれたのです。

そこでテーラは、すべての仲間たちと距離を置きました。ひとりきりで托鉢し、ひとりで帰って、孤独に食事をし、瞑想もひとりでしたのです。彼は器に入れた水の中の油の一滴のように、仲間の修行者と交わることはありませんでした。修行仲間たちはテーラの修行に問題があることを感じ取り、その懸念をブッダに伝えました。

ブッダはこれにとてもやさしく対応しました。テーラを責めることはしなかったのです。テーラの生活の仕方は、ひとりで生きるための最良の道ではないと述べただけでした。当時たくさんの比丘たちが同所に滞在していたので、彼らもブッダの教えの恵みにあずかることができました。ブッダはテーラに向かって説く機会を生かして、ひとりで生きるより良き道とは、ほかの出家者たちと交わり、彼らから学び、仲間に身をあずけることだと説いたのです。

またテーラとは逆の比丘たちもいました。彼らはいつでも小さなグループで固まり、おしゃべりや冗談を言いながら時間を無駄に過ごしていました。教えについて話すこともなかったので、ブッダはその態度をたびたび戒めていました。

経典[◇7]には全編を通して、騒がしく放逸な比丘たちにアドバイスや注意を与えたブッダの言葉が見られます。そうした弟子たちは、身心を怠りなく見守ることを知らず、歩く瞑想や座る瞑想によって時間を意義深く過ごすことも、今この瞬間に起こるすべてをありのままに深く観察することも知りませんでした。

私が初めて出家したとき、師から潙山霊祐《いざんれいゆう》*禅師の著書『潙山警策』をいただきました。昼食のあと集まって無意味なおしゃべりに費やしていた弟子たちを叱った、潙山禅師の言葉を忘れることができません。私は師の言葉をときどき思い出して、みずからへの戒めとしています。

「食物という布施を受け取ったときには、自分は僧なのだからもらって当然だと思うのでなく、その食物を深く見つめるべきではないか？　食事のあとおしゃべりをしながらだらだらと過ごすなら、それがのちにあらゆる人の苦しみを増すことになる。

*——中国唐代の禅僧で百丈懐海（ひゃくじょうえかい）の弟子。潙仰宗（いぎょうしゅう）の派祖となる。

人生の目的を深く見つめることもせず、いったいどれだけの転生を世俗の雑事を追いかけることに費やすつもりか。光陰は矢のごとく過ぎゆくが、お前たちは受けた布施への愉しみの執着から離れず、金銭やもちものが安寧をもたらすと思い続けている。

ブッダは弟子の比丘たちに、みずからを養うに足りる良い食物、衣、住処で満足せよと説いた。僧や尼僧が、なぜそれらのものの追求に時間を費やすのか？　朝目覚めるころには、髪は白く変わっているだろう。賢者の言葉を聴け。彼らは食べるものや着るものを得るためだけに、出家したわけではないのだ」

コミュニティの中で実践するとき、仲間のうちで少なくともひとりかふたりは、手本となるような人がいるはずです。そういう人たちが、マインドフルに立ったり、歩いたり、話したり、微笑んだりするのを見るだけで、あなた自身の実践にも安定感が生まれるでしょう。

「ひとりで生きるより良き道」によって、そういったすばらしい人びとの存在の恩恵を受けられなくなるということはありません。まったく逆に、「ひとりで生きるより良き道」を知ればこそ、仲間の様子を深く観て、感謝することができるのです。

人との交わりは会話だけではありません。青空や白い雲、青々とした柳、バラの花などに触れるとき、私たちは言葉以外の手段で交流しています。それらの存在を認め、受け入れ、温かさを感じています。そのとき心に信頼が湧き起こり、すべての存在からたくさんの学びを受け取るのです。このように、三宝の三番目の宝であるコミュニティの実践の恩恵は、私たちを豊かにします。「ひとりで生きるより良き道」を実践し、自分の時間のほとんどを歩く瞑想や座る瞑想によって過ごすなら、あなたの存在はコミュニティに大きな貢献をすることになるでしょう。

テーラでもなく、食事のあとに集まってとりとめのないおしゃべりをする比丘たちとも違って、あなたの一歩一歩は、コミュニティの実践の質を高め、安定をもたらします。そのとき私たちは、ブッダの弟子であったシャーリプトラ、カーシャパ、バッディヤ、キンビーラ*と同じです。

私たちを見たブッダは、うなずいて微笑むことでしょう。コミュニティのすべての者が残らずひとりで生きる道を知れば、そのグループの日常はすばらしいものになるとブッダは確信していました。すべての仲間がそのすばらしさを高めるよう努めれば、コミュニティは確固とした礎《いしずえ》をもち、多くの人びとがその恩恵に浴するでしょう。

ひとりで生きるとは、マインドフルに生きるということです。自分を社会から切り離すことではありません。ひとりで生きるより良き道を知るなら、人や社会と本当の意味で深く出会えるでしょう。そして、自分が役立つために何をすべきか、何をすべきでないかがわかるようになります。

目覚めとひとりで生きること

マインドフルネスを忘れ、過去や未来に心を奪われて生きるなら、また欲や怒りや無智に翻弄されるままでいるならば、人生の一瞬一瞬を深く生きることはかないません。今ここで起こっていることに触れることもできないでしょう。人間関係も浅くて貧しいものになります。

ときに私たちは、心がうつろで、疲れ切り、喜びを失って、本当の自分をなくしてしまうことがあります。そうなると、人に関わろうとしても徒労に終わるでしょう。努力すればするほどうまくいかなくなるのです。

*——十大弟子のひとりで「智慧第一の舎利弗（しゃりほつ）、同じく迦葉（かしょう）、最初の五人の弟子のひとり婆提梨迦（ばだいりか）、つねに独座を好んだ釈迦族出身の弟子却賓那（こうひんな）のこと。

そんな状態になったら、外側の物事に関わろうとすることをいったんやめて、自分自身に立ち返り自分とつながってください。「ひとりきり」になるのです。こんなときこそ意識的な呼吸を実践し、自分の内側と外側に起こっていることを深く見つめましょう。観るものすべてを受け入れ、快く挨拶をし、微笑みを送ります。

歩いたり座ったりする、洗濯をする、床を掃除する、お茶をいれる、またはマインドフルにトイレ掃除をするなど、日常的な活動をするのもいいでしょう。そうすることを通して、私たちは精神的生活の豊かさを取り戻すのです。

ブッダは目覚めた人生を歩み、つねにくつろぎと落ち着きの中で今という瞬間にとどまる生き方をした人です。その人生は、自由と、喜びと、理解と愛にあふれ、豊かさに満ちていました。霊鷲山《りょうじゅせん》*の険しい岩の上、竹林精舎の竹やぶの陰、祇園林の庵の草葺《ぶ》きの屋根の下、どこに座っているときでもブッダはブッダとして変わらずに、心乱れず、満ち足りて寡黙でした。

ブッダの存在がサンガというコミュニティの調和と安定に大きく寄与していることは、誰の目にも明らかでした。彼がそばにいると知るだけで、比丘や比丘尼は影響を受けました。何百人もの長老たちを含め、ブッダの多くの弟子たちも、その存在によって見る者たちに同様の信頼感を与えました。

プラセーナジット王**は、あるときブッダにこう伝えています。自分がブッダにそれほどの信頼を寄せられるのは、ブッダに導かれて修行する比丘や比丘尼の、ゆったりとして落ち着き、喜びにあふれた生き方に接したからだと。

マインドフルに生きる人は、貧しさとは無縁です。今という瞬間に生きる実践が、喜びと安らぎ、理解と愛でその人自身を豊かにするからです。たとえばその人が精神的に貧しい人に会っても、深く見つめてその相手の内面の豊かさ

*――マガダ国の首都ラージャガハの郊外にあり、ブッダが多くの説法を説いた岩山。竹林精舎の近くにある。

**――コーサラ国の王。祇園林をブッダに寄進したジェータ太子は実子である。

を発見することができるでしょう。

　ドキュメンタリー番組を観る、本を読む、誰かの絵画作品や彫刻を鑑賞する、どんなときでも心が貧しくマインドフルネスが十分でなければ、読むものの目にするものすべてが気にさわり、欠乏感がつのることになるかもしれません。しかし心がマインドフルで豊かなら、そうしたアートの深くにある価値を見ることができます。制作者の内面的世界を深く洞察することができるでしょう。

　私たちが芸術評論家の目をもつとき、多くの人たちには見えないものが見えるようになり、質の低い映画や書籍や彫刻などに接しても、そこから学ぶものがあるでしょう。今という瞬間、一つひとつの細部に完全な気づきを持続できれば、そこから得るものは少なくありません。これが、ひとりで生きるより良き道なのです。

心を縛る固まり

「ひとりで生きるより良き道」の偈は、次の一文で始まります。「過去を追いかけるな」

過去を追いかけるとは、やって来て去ってしまった物事を惜しむということです。私たちは、もうここには見つからない、すばらしかった出来事の喪失を惜しみます。ブッダはこの箇所について解説しています。

「自分の体（色）がかつてどうであったか、感覚（受）がどうであったか、認知（想）がどうであったか、心の形成（行）がどうであったか、意識（識）がどうであったかなどと考え、これら過去に属する物事に思いわずらい、執着するなら、その者は過去を追いかけている」

ブッダは過去を追いかけるべきではないと説きます。「過去はすでにない」

からです。過去への思いわずらいに心を奪われるなら、今を失います。いのちは今という瞬間にしかありません。今をなくすのはいのちを失うことです。ブッダの意図ははっきりとしていました。私たちは、今に戻るために過去に別れを告げなければなりません。今に戻るということは、いのちに触れるということです。

私たちが過去のさまざまなイメージに無理やり引き戻され、そこに縛られるとき、意識の中ではどんな力が働いているのでしょうか？　この作用は「心の固まり」*（サンスクリット語でサムヨジャーナ＝心を縛るもの）が起こしています。これは「心の形成」とも呼ばれ、心の中でかたちをとり、私たちを縛ります。

見る、聞く、嗅ぐ、味わう、触れる、思い描く、考えることなどから、心の固まりは生まれてきます。それは、欲求、いらだち、怒り、混乱、怖れ、心配、疑いなどになります。こうした形成物は、一人ひとりの意識の奥深くに存在します。

心に形成されたこの固まりは、私たちの意識に働きかけ、日常の行動をあやつります。私たち自身が意識しないような考えや言動に導くのです。そうして働きかける強力な力ゆえに、それは枷《かせ》とも呼ばれます。私たちを一定の行動の仕方に縛りつけるからです。

通常この形成物には九種があると説明されています。欲、憎しみ、高慢、無智、かたくなな見解、執着、疑い、妬み、利己心です。これらのうちでもっとも基本的な形成物は、無智――明晰な視野がもてないことです。無智という素材から、その他の形成物がつくられます。これら九種のうちで欲がつねに先頭に来るのは、それが通常ほかの形成物すべてを代表するからです。

カッチャーナ・バッデーカラッタ（大《だい》迦《か》旃《せん》延《ねん》一《いち》夜《や》賢《けん》者《じゃ》経《きょう》）**の中で、比丘カッ

*――仏教では、五蘊（ごうん）のうちのひとつである行（ぎょう）。基本的な思考、意志作用とされる。この心の機能によって、行為が誘発される。

**――中部第一三三経。前出の温泉林天経と内容はほぼ同じである。

チャーナはこのように言っています。

「友よ、過去にとどまるとはどういうことか？　ある者が『過去に私の両目はこのようであり、対象物（目によってとらえられるかたち）はあのようであった』と考えるとき、まさにその思考によって彼は欲に縛られる。欲の束縛から渇望が生まれる。この渇望が、彼を過去に引きとめているのだ」

カッチャーナの解説によれば、欲こそが私たちを過去にとどめる唯一の心の形成物とも言えそうです。しかしカッチャーナが「欲」に言及するときの真意は、憎しみ、疑い、妬みなど、すべてを含んでいるのです。それらすべてが私たちを縛り、過去に引き戻します。

ときには自分を苦しませた相手の名を耳にするだけで、そのときに作られた心の固まりが自動的に私たちを過去に引き戻し、当時の苦しみを再体験させます。過去には、苦しい記憶と楽しい記憶の両方が住んでいます。過去に心奪われることは、今という瞬間において死んでいる状態です。

過去を離れて今に生きるのはたやすいことではありません。そうしようとすれば、心の中の固まりの威力に対抗しなければならないからです。私たちは、その固まりを変容させる方法を身に着けなければなりません。それから解放されれば、今という瞬間に意識を集中することができるでしょう。

今にしっかりと立つこと

現在は過去を含んでいます。心の固まりが心の中で葛藤を起こす仕組みがわかれば、今この一瞬において過去の様子が見えてきます。そうすれば過去にさらわれることはもうありません。

「過去を追いかけるな」と言うときブッダは、過去に飲み込まれないことを意味していました。過去を深く見つめることをやめよと言ったのではありません。過去を振り返って深く見つめるときに、今ここにしっかりと立っていれば、過去に飲み込まれることはないのです。

現在をこしらえている過去の要素が今という瞬間に浮上し、はっきりと見えてきます。私たちはそこから学ぶことができます。それら過去の要素を深く見つめれば、過去への新たな理解を手にすることができるでしょう。これこそ「温故知新」、古きものを見直して新たに学ぶことなのです。

過去が現在に含まれていることを知れば、今を変容することによって過去を変えることができるとわかります。現在にまでつきまとう過去の亡霊は、現在に属する存在なのです。深く見つめ、その本質を見極めて変容をうながせば、同時に過去も変わります。過去の亡霊はとてもリアルです。それは実際に心の中で形成された物であり、静かに眠っているときもあれば、突然勢いよく目を覚ますこともあります。

サンスクリット語に「アヌシャヤ（随眠《ずいめん》）」という言葉があります。〈アヌ〉は「ともに」という意味、〈シャヤ〉は「横たわる」ことを意味します。つまりアヌシャヤは「潜在的な傾向」と言えるでしょう。心の固まりはつねに私たちについてまわりますが、意識の奥底で眠りについています。それを亡霊と呼ぶにしろ、実際に存在しているのです。

仏教の唯識派では、アヌシャヤはすべての人の潜在意識（阿頼耶識《あらやしき》）*の中に潜む種であると考えます。そこでアヌシャヤがあらわれてきたときそれに気づき、深く見つめて変容をうながすことが、観察による瞑想（観想）の重要な役割になります。

*――唯識では人間の意識を八つの階層に分けている。その中でもっとも深層に位置し、一切の現象の種を蔵しているゆえに「蔵識」とも呼ばれる。

未来の亡霊

私たちは、困難に直面したとき、そのうち事態が好転することを願って未来のことばかり考えることがあります。未来に射し込む光を想像すれば、現在の苦しみや困難を受け入れることが容易になるからです。

しかし未来への思いが、強い怖れと心配を呼び起こすこともあります。私たちはそれをやめられません。みずから望まなくても未来のことばかり考えてしまうのは、心の中の固まりが原因です。

まだやって来ていないのに、未来はすでに私たちにつきまとう亡霊を生み出しています。じつは、未来や過去が亡霊をつくるわけではありません。私たちの意識がそれを生んでいるのです。そして未来や過去も、意識がつくり出しているのです。

未来のことを考えるエネルギーは、希望や夢、心配などから生まれます。希望が、苦しみや失敗が原因で生まれることもあります。今幸せになれないので、そのうち状況が明るくなることを期待して心を未来へとさまよわせるのです。「自分の体が行く末どうなるだろうか、感覚が行く末どうなるだろうか、認知が行く末どうなるだろうか、心の形成が行く末どうなるだろうか、意識が行く末どうなるだろうか……」

このように考えることで、今経験する過ちや苦しみを受け入れる勇気が得られることもあるでしょう。詩人チュ・ヴー*は、未来は現在のためのビタミンだと言っています。希望が、失ってしまった人生の喜びを取り戻してくれることもあります。

誰もが人生に希望が必要だと知っています。しかし仏教の教えでは、希望は

*――ベトナム革命の詩人と呼ばれる。伝統的な民族詩と革命詩を融合させた。代表作に“Who am I?”など。

障害にもなりえるのです。未来に心を費やせば、現在に直面しそれを変えていくのに十分な精神的エネルギーが残りません。

将来への計画を立てる権利は誰もがもっていますが、計画を立てるというのは白日夢に浸ることではありません。先のことを考えながらも、両足をしっかりと今につけることです。私たちは現在にある素材によってしか、未来をつくることはできません。

身心をまるごと現在に引き戻すために、未来へのあらゆる欲から解放されることが、仏教の教えの核になっています。目覚めるということは、今ここにある現実への深く豊かな洞察を得ることです。今ここに戻り、目の前で起きていることに直面するには、物事の核心を深く見つめてその本質を体験する必要があります。そのとき、私たちは深い理解を得ることができます。それによって苦しみと無明から解放されるのです。

仏教の教えによると、地獄と天国、輪廻と涅槃、それらすべては今この瞬間にあります。今ここに戻るということは、いのちを見出し、真理を実現することです。

すべての過去仏*は、今この瞬間に悟りを得ています。現在と未来の諸仏も今この瞬間に悟りの果実を実らせているのです。** 今だけがリアルな真実です。「過去はすでになく、未来はまだ来ない」のですから。

今に揺るぎなく立たなければ、未来へ目を向けたときに不安定さを感じるでしょう。行く末自分は孤独になり、安らぐ場所もなく誰も助けてはくれないと思うかもしれません。

「自分の体が行く末どうなるだろうか、感覚が行く末どうなるだろうか、認知が行く末どうなるだろうか、心の形成が行く末どうなるだろうか、意識が行く末どうなるだろうかなどと考え……」

*――釈迦以前にすでに成道した過去の六人のブッダをさす。釈迦を含めて過去七仏とも。

**――過去・現在・未来に存在するすべてのブッダを合わせて、三世諸仏と呼ぶ。

こうした未来への心配は、不安と気がかりと怖れを抱かせ、今この瞬間に関わる力を奪います。今に対処する力を弱め、混乱を強めるばかりです。遠くの未来への計画を立てられない者は、すぐ近くの未来に悩まされ苦しめられる、という儒教の言葉があります。未来のことはきちんと考えるべきだが、それについて心配したり怖れたりしないようにという戒めでしょう。

未来への最上の備えは、今を大切に生きることです。現在が過去から成り立つなら、未来は現在からつくられるのです。私たちが責任を担うべきときは、ただこの瞬間です。今だけが関われるときだからです。そして、今を大切にすることは未来を大切にすることになります。

心に微笑みをたたえる

過去について考えるとき、後悔や不甲斐なさを感じることがあります。未来に思いを向けると、欲や怖れが起こってくることがあるでしょう。しかしそうした感情のすべては、今この瞬間に生まれ、今の私たちに影響を与えるのです。その影響は多くの場合、幸福感や喜びにはつながりません。

私たちは、そうした感情への向き合い方を身に着けなければなりません。何より忘れてはならないのは、過去と未来のどちらもが現在にあるということです。それゆえ、今という瞬間をしっかりとつかまえれば、過去と未来を変容させることができます。

どうすれば過去の変容が可能になるのでしょうか？　かつてあなたは、乱暴で人を傷つけるようなことを言ったりしたかもしれませんが、それを悔やんでいます。仏教心理学では、後悔は「不確定な感情（不定心所《しんじょ》＊）」であると言います。それが成長のきっかけになるか物事を台無しにするか、どちらにもなりう

＊――心の構成要素（心所）として、唯識では五十一種をあげているが、その分類項目のひとつ。

るからです。

自分の発言や行為によって人を傷つけてしまったとわかると、後悔の念が湧いてきます。そして、これからはけっして同じ過ちは繰り返すまいと誓います。それは後悔が健全な結果につながる例です。これとは逆に、後悔によって始終悩まされ、何事にも心を専念させられず、日常から安らぎや喜びがことごとく奪われるようなら、その後悔は不健全な結果を生んでいることになります。

後悔が不健全な結果を生むようなら、まず最初にその原因が自分のしたこと・言ったことにあるのか、それともしなかったこと・言わなかったことにあるのか、見分けなければなりません。過去に自分の言動によって人を傷つけたなら、それは「関わったことの過ち」と言えます。マインドフルネスを欠いたままで、行動や発言をして、それが害を与えたからです。

また私たちは、「関わらなかったことの過ち」を犯すこともあります。言うべきことやすべきことを怠ったために人を傷つけたなら、後悔や悲しみが生まれます。過去にマインドフルネスを欠いていた結果が、今も続いているのです。心の痛み、不甲斐なさ、後悔などは、その結果の中でも見逃せない要素です。現在を深く見つめてその本質を明らかにすれば、変容を起こすことができます。マインドフルネスと、決意と、正しい行動と言葉がそれを可能にします。これらはすべて、今ここで起こることなのです。そうして現在が変われば、過去が変容するだけでなく、未来をつくることができます。

すべてを失った、何もかも破滅した、起こった苦しみは変わらない、などと言うとき、私たちは過去がすでに現在になっていることがわかっていません。苦しみが生じたことは疑えず、苦しみによって心の底まで傷ついたとしても、過去にしたことを嘆いたりそれによって苦しむより、現在にしっかりと関わりそれを変えていくべきです。ひどい旱魃《かんばつ》の跡を消し去るのは、大量の雨しかありません。その雨は今という瞬間にしか降らないのです。

仏教では、過ちは心の中に端を発するという見方によって懺悔《ざんげ》をとらえます。

ここに懺悔についての偈があります。

すべての過ちは心から生じる
心が浄くなれば、過ちは影さえ残さない
悔いたのちの心は軽い
いにしえの森の上を悠々と流れる白雲のように

マインドフルネスをもたず、心が欲や怒りや妬みで曇っているがゆえに、私たちは過ちを犯します。これが「すべての誤った行為は心から生じる」ということの意味です。しかし、過ちが心から起こるのであれば、心の中でその過ちを変容させることができるはずです。心が変われば、心がとらえる対象も変化します。

今という瞬間に戻ることを知れば、そうした変容が起こります。心が変容すれば、空ゆく雲のように気持ちは軽くなり、私たちは自分と人のために安らぎと喜びを生み出すようになります。

昨日は、たぶん自分の愚かさや怒りから、母親を悲しませるようなことを言ってしまったけれど、今日は心が変化して気持ちも軽く、母親も笑顔を見せてくれる――たとえもう彼女がこの世にいないとしても。そうして心の中で微笑むことができれば、母も一緒に微笑んでくれるのです。

過去を変えられれば、未来を変えることもできます。未来への心配や怖れは現在から光を奪います。未来は現在からできているのですから、未来も同時に暗闇に落ちるのは道理でしょう。現在に取り組むことが、未来を良くするための最上の道です。

みなさんには、明日起こることが心配でたまらず、一晩中寝つけなかった経験があるかもしれません。そのまま一睡もできなければ翌日は疲れ果て、十分な力が発揮できないと気が焦ります。気がかりが強くなればなるほど、眠りにつくのは難しくなります。未来への心配と怖れは現在を損ないます。

しかし明日を思いわずらうことをやめ、ただベッドの中で呼吸を感じながら与えられた休息の時間を心底楽しむようにすれば、温かい毛布の中で安らぎと喜びのときを味わえるだけでなく、たやすく自然に眠りに落ちることができるでしょう。そうした睡眠は、翌日の活動を十分にこなす力を与えてくれます。

この地球上の森林が急速に病み朽ちていくと知れば、私たちの心は騒ぎます。未来のことが心配になるのは、現在起こっている事実に気づいているからです。その気づきは、地球環境の破壊を止めるために何らかの役に立とうとする動機づけになります。こうして未来に心を向けることは、私たちを疲弊させるだけの心配や不安などとは明らかに違います。美しく健やかな木々を守り維持していくために行動するには、まず木々の存在を楽しむことを知らなければなりません。

コンポストの中にバナナの皮を投げ入れるとき、マインドフルネスがあれば、その皮がやがて堆肥になること、そして数カ月後にはトマトやレタスとして生まれ変わる様子が見えるでしょう。気づきがあれば、ビニール袋を投げ入れても容易にはトマトやレタスにならないことがわかります。

ゴミには、数百年経たなければ分解しないものもあります。核廃棄物が無害化して土に帰るまでには、二十数万年が必要です。目覚めた意識でこの一瞬を生き、心をこめて今に取り組むなら、私たちは未来を壊すような行動はとらないようになります。これが未来を積極的に創造するための、もっとも現実的な方法なのです。

日常の中で私たちは、心に毒をつくり出すことがあります。その毒は自分だけではなく、今一緒に生活する人びと、または未来に出会う人びとをも侵します。

仏教では三毒について説明しています。貪《むさぼ》り、怒り、無智（貪瞋痴《とんじんち》）です。それに加えて、私たちを害する非常に強い作用をもつ他の毒もあります。妬み、偏見、高慢、疑い、強情さなどです。

　私たちが結ぶ自分自身や人や環境との日常的な関係の中で、こうした毒のうちのどれかまたはすべてに、いつ火がつき、燃え上がり、私たちやまわりの人びとの安らぎと喜びを焼きつくすかわかりません。これらの毒は心に居座り、その力を広げて、未来に悲惨な結果をもたらします。今この瞬間に生きるということは、こうした毒も受け止めて向き合い、それが生まれ、姿をあらわし、無意識に戻るまでを見守り、観察の瞑想（観想）によって変容をもたらすことなのです。これが仏教の実践です。

　今この瞬間に生きるとは、すばらしく健全な要素に注目し、それらを育み守ることです。幸福は、現実に向き合い現実につながることからじかに生まれます。この幸福がもとになって、すばらしい未来が創られるのです。

いのちこそが道

今に戻るとは、いのちに触れることです。いのちは今この瞬間のほかには見つかりません。「過去はすでになく、未来はまだ来ない」からです。仏性、解放、目覚め、安らぎ、喜び、そして幸福は、今この瞬間の中だけに存在します。いのちと出会う場所は今です。約束の場所は、まさにここ、それ以外にはありません。

華厳経によれば、時間と空間は分かれていません。時間は空間からつくられ、空間は時間からできています。春といえばふつう季節のことだと思いますが、それは空間でもあります。ヨーロッパが春なら、オーストラリアでは冬なのです。

お茶の瞑想をするとき、参加者は息を吸い・吐きながら、以下の偈を声を合わせて唱えます。それからお茶を口にします。

この両手の中の一杯のお茶に
いっぱいに注がれたマインドフルネス
私の心と体は
今ここの安らぎにとどまる

マインドフルにお茶を飲む――それは今という瞬間に戻り、自分のいのちを生きる実践です。私たちの身心がまるごと今ここにあるとき、湯気を立てるお茶が目の前にはっきりとその存在をあらわします。これはすばらしい存在の光景です。そのとき私たちは、真にお茶に出会っています。いのちがまぎれもなく存在するのは、こんなときなのです。

安らぎ、喜び、解放、目覚め、幸福、仏性、根源――私たちが切望し求めるものはみな、今この瞬間の中にしか見つかりません。それらを未来に探そうとして現在を置き去りにするのは、実物を捨てて影に執着することです。

仏教の「無作《むさ》（アプラニヒタ）」は、未来を追いかけることをやめて身心ともに現在に戻ることを説き、瞑想する者を支えてくれる教えです。無作は「無願（望まないこと）」とも言われ、「三解脱門」のひとつです（空《くう》、無相と合わせて三つ）。

未来を追いかけることをやめれば、私たちの求めるすばらしいものは、すべて私たち自身の中、今ここにあることがわかります。いのちは特別な場所や目的地にあるのではありません。いのちそれ自体が道です。歩く瞑想では、到着する意図をもたずに歩みます。一歩一歩が安らぎ、喜び、解放をもたらすのです。ですから、無願の精神で歩みます。

自由、平和、喜びに至る道はありません。平和と喜びそのものが道です。ブッダ、解放、幸福と出会う場所は、今ここです。その出会いを逃してはなりません。

仏教では体と心をひとつにし、いのちと直接向き合うための呼吸の方法を説きます。これが「身心一如《しんじんいちにょ》」です。ですから仏教の瞑想では、必ず「呼吸による完全な気づきの経典*（アーナパーナサティ・スッタ）」の実践から始めるのです。

しかし現在に戻るといっても、今の現実に流されるということではありません。経典は、いのちを深く見つめて今という瞬間に触れること、そして今ここに起こる苦しみやすばらしいもののすべてを観察するように説いています。しかも、マインドフルネスによって、質の高い気づきを保ちながら行うのです。今ここに起こっている渇望や嫌悪感に飲み込まれたり、つかまったりしないように。

今この一瞬において
いのちをありのままに深く見つめる
そのように実践すれば

心はぐらつかず、解き放たれる

「安定と自由（不動と自在）」とは、心が満たされ静かであるということ、何事にも心を奪われないということです。安定とくつろぎは、涅槃のふたつの特徴です。この偈のパーリ語版では、ここで「アサンクッパン」と「アサンヒーラン」というふたつの言葉が使われています。

アサンクッパンとは、「ぐらつかない、動揺しない、動かない、興奮しない」という意味です。中阿含経の訳者で僧であったサンガデーバは、これを「堅固でぐらつかない」と翻訳し、僧のダルマパーラ**は、「安定した」と翻訳し

---

*――くわしくは『ブッダの〈呼吸〉の瞑想』（野草社刊）参照。経典の本文と解説がまとめられている。

**――漢名護法。古代インドの仏教僧。唯識の研究者であり、世親（vasubandhu）の『唯識三十頌』を注釈し、後世に伝えた。

ました。

アサンヒーランの字義は、「ひとつにまとめられない、抑えられない、集められない、何事にも動じない」という意味です。サンガデーバは、アサンヒーランを中国語で「存在しない（無有）」としましたが、これは不正確な翻訳です。ダルマパーラは長老経の中で、アサンヒーランを「縛られない」と訳しています。ここで縛られないというのは、「閉じ込められない」という意味です。つまり、「とらわれない」「自由な」という解釈ができます。

今ここでいのちに触れ、リアリティをありのままに深く観るとき、あらゆる現象の無常と無我の本質が見えてきます。無常と無我はいのちの負の側面ではありません。むしろその礎の上にいのちは成り立っているのです。無常はつねに移り変わる現象の様相です。無常なしにはいのちもありません。無我とは、あらゆるものの相互存在の本質のことです。相互存在がなければ、存在することは不可能になります。

太陽なしには、雲、大地、チューリップなどは何ひとつとして存在できません。ふだん私たちは、無常や無我を悲しいものと考えます。無常と無我がなければいのちも存在できないことを忘れているのです。無常と無我に目を向けても、生きる喜びは失われません。それどころか、健やかさ、安定、自由がそこからやって来るのです。

人は、物事の無常と無我の本質が見えないので苦しみます。無常を変わらないものと考え、無我を個があると考えるのです。

バラを深く見つめれば、その無常の本質がはっきりとわかります。同時にその美しさが見え、尊さが愛でられます。はかなく変わりやすいバラの性質が見えれば、その花がさらに美しく貴重に思えてきます。虹、日没、夜咲くサボテンの花、流れ星など、はかないものであればあるほど、さらに美しく大切に感じられるのです。

ヴァイシャーリーの町の黄金に実った稲穂の田んぼで、霊鷲山から昇る朝日を観たブッダは、その美しい光景を目にしてアーナンダにそれを伝えました。

そうした美しい現象の無常の性質——変化し消えていく光景を深く見つめたブッダは、それによって苦しむことも失望することもありませんでした。私たちも、あらゆる現象の無常と無我の本質を深く見つめることによって失望と苦しみを克服すれば、コップ一杯の水、涼しい風、ゆったりと解放された歩みなどの、日常の奇跡の貴さを体験することができます。

それらは無常であり、無我であることはたしかですが、すばらしいものであることには変わりがありません。

人生は苦しいけれど、同時にすばらしいものです。生きていれば、病気、加齢、死、事故、飢え、失業、自然災害などは避けられません。しかし深い理解と自由な心があれば、それらを平静な気持ちで受け止めることができ、それだけで苦しみは大幅にやわらぐでしょう。

苦しみを無視せよというのではありません。苦しみに触れることによって、そこから自然に愛と思いやりを生み出し、育てることができます。苦しみが、私たちの愛と思いやりを育むもとになります。だから、苦しみを怖れないのです。私たちの心が愛と思いやりで満たされているときには、人の苦しみをやわらげるために行動することもできるようになります。

人類が進化できたとすれば、それは愛と思いやりの心があったからでしょう。私たちは、慈悲をすでに体現している人たちから、他者を助けるために深く見つめる実践を使いこなす方法を学ぶ必要があります。そうすれば、多くの人が私たちから今ここに生きる道を学びとり、あらゆる現象の無常と無我の本質を理解するでしょう。その洞察が苦しみを軽くしてくれるのです。

予想外の出来事への怖れは、私たちを窮屈で不安だらけの人生に陥《おとし》れます。自分や大切な人の上に降りかかる不幸を前もって知ることは、誰にもできません。しかし目覚めた生き方を身に着け、人生の一瞬一瞬を深く生きて、身近な人たちにやさしく理解をもって接すれば、自分や人の身に何が起ころうとも後悔することはないでしょう。

今ここに生きれば、すばらしく、すがすがしく、健やかさを与えてくれる人生のさまざまな出来事に触れることができるようになります。それらは、私たちの心の傷を癒してくれます。そうして私たち自身が、日々すばらしく、すがすがしく、健やかな存在になっていくのです。

安らぎ、自由、喜び

ブッダの教えによる深く見つめる実践は、安らぎと、自由と、喜びの人生と、完全な解放をもたらします。「ひとりで生きるより良き道」の偈は、死が避けられないことを教え、今日すぐに実践に励むように勧めています。明日では遅すぎるかもしれないからです。

死はあるとき突然やって来るもの、そこに駆け引きの余地はありません。今ここですべてのものを深く見つめながら毎日を過ごせば、自由と安定が基盤となり、安らぎと喜びに生きることができます。そうして実践を継続するうちに、安らぎ、喜び、安定は日々深まっていき、完全な解放につながります。完全な解放を得たとき、死はもう私たちを損なうことはできません。

こうした生き方は、親しい人たちやそのほかの多くの人に喜びをもたらします。安定と解放からは、自由が生み出されます。深い観察の結果として私たちは解き放たれ、それがこの世の存在すべての無常と無我の本質を悟らせるのです。深いレベルで観察することで、私たちは死に打ち勝ちます。無常の観察によって、生と死の境界を乗り越えられるからです。

この世のすべての存在や大切な人たちを深く見つめるとき、いわゆる「私」や「自己」といった、永遠不変なる存在はないということがわかります。

生と死を乗り越える

誕生とは存在しないものが存在を始めること、死とは存在するものが存在を終えること、私たちはふだんこのように考えています。しかし物事を深く見つめれば、誕生と死という考えが多くの点で誤りであることがわかります。実際には、どんな現象も無から生じることはなく、今ある現象が無に帰すこともありません。すべては休むことなく変わり続けています。

雲は死にません。雨に変わるのです。雨は生まれません。それは雲が変化した姿、雲の継続なのです。木の葉、靴、喜び、悲しみなど、あらゆるものがこの不生不死《ふしょうふし》の法則に従っています。

死後自分が存在しなくなるという偏狭な考えを、仏教では「断見」と言います。一方死後も自分が変わらず存在し続けるという偏狭な考えを、「常見*」と言います。リアリティはこうした永続と消滅のどちらをも超えているのです。
ブッダは私たちの体を構成する要素の集まりをまっすぐに見つめて、それらの本質を見極め、「個」という概念を乗り越えるように説きました。そこには、永遠に滅することのない自己という概念と、死後完全に無くなってしまう自己という概念が含まれます。

経典にはこう書かれています。

「目覚めた存在（ブッダ）や、慈愛と理解の教え（ダルマ）や、調和と気づきのうちに生きる集まり（サンガ）について学んで身に着け、聖なる導師たちやその教えを知って実践し、『この体が自分だ、私とはこの体のことだ。この感覚が自分だ、私とはこの感覚のことだ。この認知が自分だ、私とはこの認知のことだ。この心の形成が自分だ、私とはこの心の形成のことだ。この意識が自分だ、私

*――断見、常見のどちらも仏教では「辺見（偏った見解）」と呼び、正しく見る正見（しょうけん）の逆の悪見（五利使）のうちに含む。ブッダは、有・無に偏らない中道を説いた。

とはこの意識のことだ』などと考えないこと。そのとき、その者は過去に戻らず、未来を思わず、現在に押し流されてはいない」

寄り集まって「個」と呼ばれる存在を構成する五つの要素（五蘊《ごうん》）とは、形（体）、感覚、認知、心の形成、意識です。これらの要素の実質をまっすぐに見通し、その無常と相互存在（縁起）の本質を理解すれば、おのずから「個」と名づけているものは存在しないことがわかります。五蘊はつねに移り変わっているのです。それらは生まれることも死ぬこともありません。

無から有に移るものはなく、有から無に移るものもありません。私たちが「私」と考えているものは、生まれることも死ぬこともないのです。成長する体も衰えていく体も、「私」そのものではありません。刻々と移り変わる感覚も私ではないのです。知覚や意識にしても同じく、私ではありません。

私たちは、これら五つの要素（五蘊）に縛られず、制限されることはないのです。実際に五つの要素が生まれることもなく消滅することもないとわかれば、死に脅かされる必要もなくなります。この洞察によって、私たちは生死を乗り越えられるのです。

経典が「導師の教えに従って修行する」と記す修行者とは、今ここに生き、すべてを深く見通して、いのちの無常と無我の本質を悟る者を指します。

ブッダは、「今日を励みつつ生きること、明日を待つのでは遅すぎる。死は突然にやってくる、それを避ける手立てはない」と説きました。

深く見つめることを通してすべての不生不死の本質が見え、それによって、死さえも私たちを脅かすことはなくなります。深く見つめて無常と無我を悟り、存在の本質についての誤解を打ち砕くことができれば、すぐさま生と死は乗り越えられるのです。死を乗り越えたとき、「死との取引き」の必要はもうなくなります。私たちは微笑みながら死の手を取り、ともに歩むことができるでしょう。

「梵行《ぼんぎょう》（ブラフマチャリヤ＝欲に溺れない生き方）」と呼ばれる僧や尼僧の人生は、存在すべての不生不死を理解するための道です。この理解が解放への礎になります。だからこそ、カッチャーナ・バッデーカラッタ経の中では、ひとりで生きる実践が、僧や尼僧の梵行の土台であると強調されているのです。それだけではなく、それは私たちすべての人生の礎でもあります。

他の経典に見られる「ひとりで生きるより良き道」の偈（バッデーカラッタ・ガーター）

ひとりで生きるより良き道は、ブッダによって説かれた、目覚めた生き方の核心を照らす光です。この経典は、過去と未来を手放し、今ここに起こっているすべてのものの本質を深く見つめつかみ取るよう、マインドフルに生きるよう教えています。

パーリ語経典中の「ひとりで生きるより良き道」の偈

パーリ語版と中国語版の多くの経典中に含まれているバッデーカラッタ・ガーターは、今ではよく知られています。

私は、パーリ語で書かれたこの偈について四種類を確認しましたが、すべて中部経典に含まれています。まずバッデーカラッタ・スッタ（第一三一）、次にアーナンダ・バッデーカラッタ・スッタ（第一三二）、そしてマハカッチャーナ・バッデーカラッタ・スッタ（第一三三）は温泉林天経と同一の経典、最後にローマサカンギヤ・バッデーカラッタ・スッタ（第一三四）ですが、[*]これは釈中禅室尊経と一致します。

＊――それぞれの漢名は、一夜賢者経、阿難（あなん）一夜賢者経、大迦旃延（だいかせんねん）一夜賢者経、盧夷強者（ろいごうぎ）一夜賢者経。

これら四種のパーリ語の経典と中国語の経典に加えて、他の多くの経典中にも、ひとりで生きる教えを見出すことができます。バッデーカラッタ・ガーターそのものの引用はありませんが、テーラナーモ経（長老経）、ミガジャーラ経などです。

ミガジャーラ経の中の、「エーカ・ヴィハーリ」（独居する者）と「サドゥーティヤ・ヴィハーリ」（人と同居する者）という表現はわかりやすく、疑問の余地はないでしょう。しかし、「バッデーカラッタ」は翻訳が難しい言葉です。

雑阿含経を中国語訳したダルマナンディはこの複合語が理解できず、そのまま漢字で表記して経典のタイトルに使いました。[◇8]

南伝仏教の多くの指導者たちは、「エカラッタ」の部分を「一夜」と解釈しました。ゆえに「バッデーカラッタ」を「瞑想に適した一夜」としたのです。経典の内容から判断すると、この翻訳は正確ではありません。「バッダ」とは良い、または理想のという意味、「エーカ」は、ひとつやひとりという意味です。「ラッタ」は、好むです。現代の学僧であるニャナナンダは、このパーリ語のタイトルを「孤独を愛する至高者」と訳しています。私は省察を重ねた結果、「ひとりで生きるより良き道」が、もとの経典にそった解釈だと考えています。[◇9]

中国語経典中の
バッデーカラッタ・ガーター

中阿含経には、このガーターが三カ所で引用されています。まず温泉林天経（第一六五）で、偈は四回引用されています。次に釈中禅室尊経（第一六六）で、偈は三回の引用です。三番目は阿難説経（第一六七）で、偈は一回のみの引用です。この三つの経典中に見られる偈を、以下のように訳出しました。

過去を考えず
未来を心配することなかれ
過去のものはすでに死に
未来はまだ来ていない
今ここに起こっていることを

深く見つめるべし
賢者はこれによって生き
不動自在にとどまる
賢者の教えに従い修行すれば
死を怖れることはない
これを知らぬ者は
最後の危機がもたらす
大きな苦しみを避けられない
昼も夜も修行に励むため
このバッデーカラッタの偈をつねに唱えるべし

次のバッデーカラッタ・ガーターは、大正新脩大蔵《たいしょうしんしゅうだいぞう》経《きょう》の第七七の尊上経の翻訳です。

過去を考えず
未来に何を探すこともない
過去はすでに死に
未来は我が手中にはない
今ここにあることを
深く見つめ、瞑想すべし
賢者の道をたゆみなく修行する者は
目覚めた智慧を得る
修行に励み
心を揺るがせず
わずらいから自由なら
死の瞬間にも怖れることはない
修行に励まなければ
どうして死とその軍団に打ち勝てようか？
このすばらしい偈によって
過《あやま》たずに修行すべし

原注

◇1——雑阿含経一〇七一。パーリ語経典では、テーラナーモ・スッタ（相応部〔そうおうぶ〕一〇）に相当する。これはティク・ナット・ハンによって、中国語から翻訳された（相応部、Samyutta Nikaya〔サムユッタ・ニカーヤ〕とは、テーマ別の短編経典集＝雑阿含経のこと。一夜賢者経は中部経典なので、これとはまた別である。——訳者）。

◇2——テーラガーター（長老偈）の五三七〜五四六節に、彼による偈がある。そこには、ひとりで暮らす静けさに対する称賛の言葉が見られる。

◇3——相応部第一〇経の長老経から引かれたこの部分は、雑阿含経一〇七一に見られる対話と非常に似ている。

◇4——相応部六三経、六四経。

◇5——中阿含経第一六六経。または中部第一三四経、盧夷強耆一夜賢者経（ろいごうぎいちやけんじゃきょう）とも一致する。

◇6——中阿含経一六七。中部第一三二経のアーナンダ・バッデーカラッタ・スッタ（阿難一夜賢者経）とも一致する。

◇7——パーリ経典では、増支部のナーギタ経第五集の三〇、第六集の四二、第八集の八六を参照。中国語経典では、増一阿含経の一二五〇と一二五一を参照。

◇8——全文については、“Stepping Into Freedom”（Thich Nhat Hanh:Parallax Press, 1997）参照。

POST CARD

恐れいりますが
切手をお貼り
ください

113-0033

東京都文京区本郷
2-5-12
野草社

読者カード係　行

ふりがな		年齢	歳
お名前		性別	女・男
		職業	
ご住所	〒　都道府県　区市郡		
お電話番号	－　－		

◉アンケートにご協力ください

・ご購入書籍名

・本書を何でお知りになりましたか

□ 書　店　□ 知人からの紹介　□ その他（　　　　　　　　　　　　）

□ 広告・書評（新聞・雑誌名：　　　　　　　　　　　　　　　　　）

・本書のご購入先　□ 書　店　□ インターネット　□ その他

（書店名等：　　　　　　　　　　　　　　　　　　　　　　　　　）

・本書の感想をお聞かせください

＊ご協力ありがとうございました。このカードの情報は出版企画の参考資料、また小社からの新刊案内等の目的以外には一切使用いたしません。

◉ご注文書（小社より直送する場合は送料1回290円がかかります）

書　名	冊　数

◇9――ダルマナンディ師は、バッデーカラッタを「賢者」と訳した。「賢」は徳や能力のある者、「者」は良き者、熟練者などの意味である。これは「バッダ」と「ラッタ」の部分を説明している。しかし、そのあいだに挟まれた「ひとり」が含まれていない。意味上もっとも重要なのは、じつはこの一語である。

大いなる人の八つの悟り

大いなる人の八つの悟り◇1（仏説八大人覚経*）

アッタ・マハープリサ・ヴィタッカ

ブッダの弟子ならば昼も夜も心をつくし、この大いなる存在がたどり着いた八つの悟りを唱え、心に刻むべきである。

最初の悟りは、この世が無常であることへの気づきである。すべての統治体制は滅びる運命にあり、四つの要素◇2から成るすべての存在は、空《くう》であるとともに苦しみの種を宿す。人間は五蘊《ごうん》◇3（スカンダ）できており、孤立した自己というものはない。そしてつねに移り変わり、絶え間なく生まれ、絶え間なく死んでいる。すべての自己は空であり、それを統《す》べる中心はない。心はあらゆる混乱のもと、肉体はすべての不浄な行為の森である。これらの真実を心に刻むなら、私たちは次第に輪廻（サムサーラ）――誕生と死の繰り返しから解放される。

二番目の悟りは、欲が増せば苦しみも増すことへの気づきである。日常のすべての苦難は、貪《むさぼ》りと欲から起こる。欲と渇望の少ない者はくつろぎ、その身心は葛藤を免れる。

*――ブッダの遺言として知られる遺教経（ゆいきょうぎょう）の後半に含まれる。道元禅師の絶筆にも同名の「八大人覚」があるが、本経典から引用したもの。

三番目の悟りは、人間の心はつねにみずから所有することを求め、けっして満たされないことへの気づきである。これによって不浄なる行為は増す一方である。しかし菩薩[◇4]たちは、つねに小欲に生きるという指針を忘れない。彼らは安らいだ簡素な生活を送りつつ真理の道を実践し、完全な理解の達成こそが、みずからの人生で果たすべき唯一のことであると考える。

四番目の悟りは、怠惰がどれほど実践の障害になるかについての気づきである。これにより、実践に励み、自分を縛る不健全な心の要素を打ち破り、四種のマーラ[◇5]（四魔）を降伏させ、五蘊と三界[◇6]の牢獄から脱出しなければならない。

五番目の悟りは、誕生と死の無限の繰り返しの原因は、無智であるということの気づきである。それゆえ、菩薩たちはつねに耳を傾け学びつつ、理解と言葉の力を磨くことを忘れない。これにより、生きとし生けるものたちに教え、彼らを大いなる喜びの世界へと連れてゆくことができる。

六番目の悟りは、貧しさが憎しみと怒りを生み、さらにネガティブな考えや行為のもとになることへの気づきである。寛容さの実践によって菩薩たちは、友も敵も差別なく同様に扱う。彼らは誰をも、過去の過ちによって責めたりはしない。また目前で害を成す者を憎まない。

七番目の悟りは、五種の欲◇7（五欲）が困難をつくり出すことへの気づきである。世俗に住む者であっても、この世の俗事にとらわれぬように努めるべきだ。たとえば比丘の持ち物は、三枚の衣と一個の鉢だけである。比丘は真理の道の修行のために簡素に暮らす。戒律を守ることは世事への執着から彼を解放し、すべての者に平等に、慈悲をもって接することを可能にさせる。

八番目の悟りは、誕生と死の炎が燃え上がり、あらゆるところに永遠の苦しみを引き起こしていることへの気づきである。すべての衆生《しゅじょう》を救い、衆生とともに苦しみ、衆生を大いなる喜びの世界へと導く、大いなる誓願を立てるべきである。

これらの八つの悟りは、大いなる存在たち、多くのブッダや菩薩たちが、慈悲と理解の道をたゆみなく実践した結果見出されたものである。彼らはダルマ・カーヤ◇8（法身）の船を漕いで涅槃《ねはん》◇9の岸へ到達したが、もと居た世界へと戻り、五欲を捨て、思いのすべてを聖なる道へと向けて、これら八つの悟りによってすべての存在がこの世の苦しみを自覚できるよう導いた。

ブッダの弟子としてこれら八つの悟りを唱え心に刻む者は、数えきれないほどの誤解や困難を消し去り、悟りへの道を進み、誕生と死の世界をあとにして、永遠に安らぎのうちにとどまるだろう。

経典解説

私が十七歳のとき、ベトナムの僧院で沙弥の修行を始めて一年目のことでした。私は、「大いなる人の八つの悟り（八大人覚《はちだいにんがく》）」の経典と、「幸福についての教え（吉祥経《きつしようきよう》）」を暗記しなければなりませんでした。それから六十年以上がたった今も、このふたつの経典は私にとって行く道を照らす松明《たいまつ》になってくれています。

一九七八年、私は南シナ海を漂流するベトナムのボートピープル救出のプロジェクトに関わりました。そのとき、彼らが生き延びて世界のどこかに新たな落ち着き先を見つけたときの支えになるよう、ベトナム語で書かれた「大いなる人の八つの悟り」の経典を小冊子に印刷しました。

そしてすぐに、この経典が西洋の人たちにも大きな助けになることがわかりました。過去の経験の違いにかかわらず、すべての人は日々幸福を求め、完全な目覚めを得ようとしているのです。

「大いなる人の八つの悟り（八大人覚）」の経典を理解するための一番の近道は、ここに挙げられた八項目の一つひとつを、瞑想のテーマとしてとらえることです。また経典解説の後半では、日常の中で応用できる十一のガイドラインを示しました。

経典の形式は簡素ですが、その内容は限りなく深く、驚くべきものです。これは学術的な論文ではなく、歴史的資料でもありません。現実的で役に立つ瞑想の実践法であり、人間関係のガイドラインでもあるのです。

第一の悟り

最初の項目では、仏教の瞑想における基本的な四種の主題に触れて、説き明かしています。それは無常、苦、無我、不浄です。現実というもののこの四つの原理について、つねに心にとめ深く見つめなければなりません。経典中にあるように、これらの事実を瞑想することによって、私たちは次第にサムサーラ（輪廻）——誕生と死の繰り返しから解放されていきます。

無常

すべての存在は移り変わっていきます。この世のすべては、私たちのいのちも、山も、川も、統治体制も含めて、刻々と絶え間なく変化し続けているのです。これを一瞬ごとの無常（刹那《せつな》無常）と言います。

すべては誕生、成熟、変容、崩壊といった段階を経ていきます。この崩壊を、一回ごとのサイクルの無常（相続無常）と言います。あらゆるものの無常の本質を理解するには、これを入念に観察する必要があります。それがこの世の物事への執着から救ってくれるのです。

苦

苦は、すべての存在の空《くう》と関わりがあります。古代インドの人びとは、すべてのものは四つの要素で構成されていると考えました。地・水・火・風（四大）です。これに気づいた過去の多くのブッダや菩薩たちは、四つの要素に調和があれば平和が訪れ、四つの要素に調和がなければ苦しみがあることを理解しました。

万物は四つの要素の組み合わせによってつくられているがゆえに、単独で、そして永遠に存在を続けるものはありません。すべては無常です。その帰結と

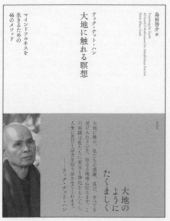

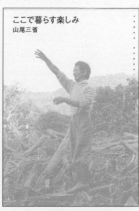

ティク・ナット・ハン 著
島田啓介 訳

大地に触れる瞑想

マインドフルネスを生きるための 46 のメソッド

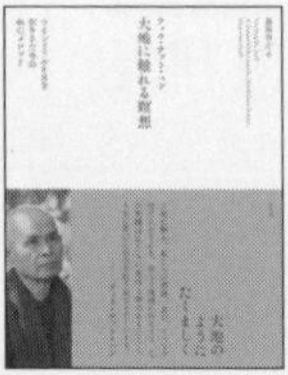

「大地のようにたくましく。
大地に触れ、私たちの感謝、喜び、すべてを受け入れる心を、母なる地球に伝えます。この実践は私たちに変容と浄化をもたらし、人生に喜びと活力を取り戻させてくれます。」
——ティク・ナット・ハン

ブッダとの短い対話形式によるそれぞれの瞑想の言葉を聴いたら（読んだら）、沈黙のうちに大地に触れ、その体勢で 3 回、またはそれ以上呼吸します。ひとりで、または仲間とともに、これらの瞑想を実践することによって、私たちが抱えもってきた分離や不安感は徐々に癒されていくでしょう。

B5 変型判／ 196 頁／ 1800 円＋税

ISBN978-4-7877-1581-4

ティク・ナット・ハン 著
島田啓介 訳

リトリート ブッダの瞑想の実践

瞑想の基本教典「呼吸による完全な気づきの教え」をテーマに行った、21 日間のリトリート（瞑想合宿）の記録。
ティク・ナット・ハンの法話の数々に深く耳を傾けながら、呼吸を味わい、本来の自分自身に立ち返るときをもっていただけたらと思う。
〔主要目次〕　今ここに生きる／呼吸を楽しむ／体を受け入れる／体を経験する／感覚を受け止める／喜びを育てる／根本的な変容／真実の愛を学ぶ／三法印を実践する／苦しみを変容させる／誤った見方を手放す／幸福はあなた個人の問題ではない／六つの智慧を実践する

四六判上製／ 432 頁／ 2500 円＋税

ISBN978-4-7877-1481-7

ティク・ナット・ハン 著
山端法玄、島田啓介 訳

ブッダの〈気づき〉の瞑想

瞑想の基本となる経典を全訳し、ブッダの瞑想の智慧が現代の私たちの生活にどう生かせるかをていねいに説く。
「瞑想とは、深く見つめ物事の真髄を見抜くことです。真実を見究め理解することから、心の解放、安らぎ、喜びが生まれます。……〈気づき〉とは、目覚めていること、深く見つめることなのです。」
「瞑想を学びたいと思うなら、このサティパッターナ・スッタ（四念処経）を基本に据えてください。つねに座右の一冊として、本書をそばに置かれることをお勧めします。」
——ティク・ナット・ハン

四六判上製／ 280 頁／ 1800 円＋税

ISBN978-4-7877-1186-1

ティク・ナット・ハン 著
島田啓介 訳

ブッダの〈呼吸〉の瞑想

ブッダの呼吸による気づきの教えを説いた重要経典アーナパーナサティ・スッタを現代語に全訳し、実践法までていねいに解説する。『ブッダの〈気づき〉の瞑想』と対になる基本図書。
「呼吸によって私たちは、ていねいに、持続的に、深く観察することができ、あらゆる対象の本質を見抜いて心の解放にたどり着くことができます。」
「ブッダは、私たちに呼吸するということと、その呼吸を深く味わうことを忘れないように教えています。この経典は瞑想に不可欠な基礎であり、もっとも優れた教えです。」
——ティク・ナット・ハン

四六判上製／ 272 頁／ 1800 円＋税

ISBN978-4-7877-1282-0

して、この世の物事に執着すれば、それらの無常の性質に苦しむのです。またすべては空であるがゆえに、物事に執着すれば、空という性質によって苦しむことになります。

苦しみの存在に対する気づきは、悟りの道を歩む実践を始める動機になります。これが、四聖諦《ししょうたい》◇10の最初（苦諦《くたい》）です。すべてのものにまつわる苦に気づかず、その存在を深く観なければ、私たちはこの世の物事に対する愛着や欲にいとも簡単に振りまわされるでしょう。そして、欲の追求によって徐々にいのちを損なっていきます。

苦への気づきがあってはじめて私たちは、苦の原因を発見し、それに直面し、消し去ることができるのです。

無我

仏教では、人間は五蘊と呼ばれる五つの要素の統合によって構成されていると教えます。四つの要素から生まれる肉体が空であり自己をもたないならば、五蘊の統合によって成る人間も空であり自己をもちません。人は刻一刻と変容し続けるプロセスの中にあり、一瞬ごとに休むことなく無常を体験しています。

五蘊を深く見つめることにより、私たちは肉体の無我の本質、誕生から死に至る道のりと空を体験し、それによって不死なる肉体という幻想を打ち破ります。仏教では、無我は瞑想のもっとも重要なテーマです。無我を瞑想することによって、私たちは自と他とのあいだの境界を越えることができます。

私たちが宇宙と分かれていないとき、宇宙との完璧な調和のとれた共生が実現します。自分の中に人類全体が存在し、自分も人類全体の中に存在することがわかります。今という瞬間に過去と未来が含まれていることを理解し、誕生と死の循環の仕組みを見抜いて、そこから完全に解放されるのです。

現代の科学者たちもまた、万物の中に無我の本質を見出しています。たとえば南アフリカの生物学者で人類学者でもあるライアル・ワトソンの説は、依存生起[◇11]の原理（縁起）と無我に、完全に一致しています。科学者が、みずからの体と心、そして万物の無我の本質を絶え間なく瞑想し続ければ、たやすく悟りを得る日が来るかもしれません。

不浄

私たちの体と心のもつ性質として、不浄とは、神聖さや美しさといった無垢な状態が存在していないということです。仏教の心理・生理学的な視点から見た人間は、みな不浄です。それは否定的な決めつけではなく、人類というものを客観的に観察した結果なのです。

髪の毛、血液、膿《うみ》、痰や唾《つば》、便、尿などの肉体の構成要素を調べてみれば、腸内にはたくさんのバクテリアが棲《す》み、多くの病気がいつでも発現できるよう控えています。私たちの体はこのように、明らかに不浄で崩壊する運命にあると言えそうです。

また肉体は、欲や愛着の充足を追求する動機づけをつくり出すものです。ですから経典では、体が過ちの集まる場所と見なされるのです。

同じく心も、誤った見解の集まる場所です。万物の無常、苦、無我という真実を見極めることができないゆえに、私たちの心は容易に貪《むさぼ》りや憎しみの犠牲になり、自分があたかも永遠のいのちをもつ孤立した自己であるかのように振る舞うのです。経典が、「心はすべての混乱のもとである」と言っている通りです。

第二の悟り

「欲が多ければ、苦しみは増す（多欲為苦）」が、第二の悟りの礎《いしずえ》です。すべての欲が満たされることが幸福であると、多くの人が思っています。欲には五種◇12があります。どの欲望にもかぎりがなく、それに対してそれを実現する私たちの能力には制限があります。果たされなかった欲は、つねに苦しみを生み出します。

部分的に欲が満たされたとしても、私たちはすべてを手に入れようと求め続けます。それがさらなる苦につながるのです。目的を達成しても、その対象を失ったときには再び苦しみます。私たちは、尽きることのないこうした追求に疲れ果てて、自分がようやく飽くことのない欲と愛着の網にどれほど絡めとられているかに気づきはじめるのです。

そして、本当の幸福とは体も心も真に安らいでいる状態にあり、欲が少ないときにのみ体験できることがわかります。欲が少なく、五欲の追求によってすべてを手に入れようとすることをやめたとき、私たちは解放への大きな一歩を踏み出すのです。

第三の悟り

少ない持ち物で満足できる方法を知れば、欲や貪りは打ち破られます。つまり、真理の道を歩むための健やかさと強さを維持するのに支障がないくらいの、物質的条件で満足するという意味です。これこそが、愛着と欲の網を切り裂き、身心ともに安らいだ状態をつくり、人のために働く時間を増やして、もっとも崇高な目的——瞑想と理解を深めて目覚めを達成するために有効な道なのです。

少ない持ち物で満足する方法を知れば、不要なものを買うことをやめて、人から搾取する経済体制から手を引き、それによって環境汚染への加担を減らしていくことができます。

第四の悟り

実践に努めることが、怠惰を打ち破る処方箋です。欲と愛着に喜びを見出すことをやめ、少ないもので満足することを知り、歳月を徒《いたずら》に過ごさないようにするのです。みずからの完全な目覚めの達成への道で瞑想と理解を深めるためには、強力な忍耐と努力が必要です。もてる時間のすべてを費やして、瞑想の第一のテーマである無常、苦、無我、不浄という四つの真理について瞑想しなければなりません。

自分の体のとる姿勢やその循環（生起、成熟、変容、崩壊）、さらに感覚、認知、心の形成、意識について、実践と学びと瞑想に努め、マインドフルネスの四つの基盤[◇13]がもつ深い意味を十分理解します。

瞑想、正しい座り方、呼吸法について書かれている、四念処経*や大般若波羅蜜多経などを読んでください。こうした経典類の教えに添って、智慧を働かせて実践し、あなた自身の生活にもっとも合っている方法を選びましょう。必要に応じて、示された方法を自分自身のニーズに合うようにアレンジすることもできます。

貪欲、怒り、偏狭さ、傲慢、疑い、先入観など、すべての基本的な欲と愛着が根絶されるまで、自分のエネルギーを安定させるよう努めてください。そこまでたどり着けば、あなたの体と心が誕生と死、五蘊、三界の牢獄から解放されたことがわかるでしょう。

第五の悟り

集中と理解が、偏狭な心を打ち破ります。基本的な欲と愛着の中でも、偏狭さはもっとも根深いものです。この根を抜き去ることができれば、その他の欲

――貪欲、怒り、疑い、先入観なども断たれるでしょう。

これがわかった上で初めて、無常、無我、縁起などの真理を瞑想するための、本格的な努力が可能になるのです。無智の根が断ち切られたとき、私たちには解放が起こり、人にも誕生と死の鎖から放たれる方法を教えることができるようになります。

最初の四つの瞑想のテーマは、私たち自身の解放を達成するため、それに続く四つのテーマは、人の解放の手助けをするためのものです。こうして、テーラワーダ（上座部仏教）と大乗仏教の教えは、まぎれもなくしっかりと結びつきます。

＊――ティク・ナット・ハン著の『ブッダの〈気づき〉の瞑想』（野草社）は、四念処経を詳述している。

第六の悟り

財力のあるなしにかかわらず、誰もが寛容の実践をすることができます。お金が十分あってこそ寛容になれるのだと考える人もいますが、それは違います。大変な資産家で人に分け与える人もいますが、多くの人は、徳を積むため、役立つため、人を喜ばせるために慈善をするのです。

慈悲によって生きる人に金持ちが少ないのは、彼らが自分の持ち物を何でも分かち合うからです。彼らは、人を貧しくさせておいて自分が富むことに興味がありません。多くの人が、仏教の「寛容さの実践（布施波羅蜜《ふせはらみつ》）」を誤解しています。たまたま持ち合わせた小銭を、何気なく道ばたの物乞いに投げ与えることだと思っているのです。

布施の実践は、それよりはるかに美しい謙虚で高貴な実践です。布施の実践とは、富める者と貧しい者との差がなくなるよう、たゆみなく行動し続けることです。人の苦しみを減らし、社会的な正義をつくり出す行動は、どんなものでも布施の実践と言えるでしょう。

だからといって、政治的な行動に打って出るべきだ、ということではありません。対立する政党間の権力闘争につながるような党派性の強い活動にのめりこんで、死や破壊を引き起こすなら、それは布施の実践とは違います。

「最小の持ち物で満足することを知る」実践をする一方で、布施を実践することはできるのでしょうか？　簡素な暮らし方がその鍵です。人に仕え助けることにみずからの人生を注ぎ、他者に身を捧げる人のほとんどは、簡素な生活を送っています。利益を得ること、徳を積むことばかりに心を奪われる人生には、寛容の入り込む余地はありません。

マハトマ・ガンジーは、多くの人を助け、人類の救済に尽くした計り知れない徳をもった人ですが、非常に簡素な暮らしをしていました。とても多くの人の役に立ちながらも暮らしはシンプルそのものという人は、一般にも数えきれないほどいます。ガンジーほどは知られていませんが、その徳の高さは彼にも劣りません。

そういった人びとの存在に少しだけ注意を払い、気づいているだけでも十分です。彼らは自分にはない資産を分け与えることはできないので、自分の時間、エネルギー、愛、思いやりなど、人生のすべてを捧げる寛容さを実践しているのです。

仏教の教えによれば、寛容の実践では、誰ひとり差別せず万人を同等に扱います。貧しく何ももたない人の中にも、富む者の場合と同じように、無慈悲な者とやさしい者とがいます。私たちは実践の中で、無慈悲な者だけを除外するべきではありません。

経典中には、「菩薩たちは、友も敵も差別なく同様に扱う。彼らは誰をも、過去の過ちによって責めたりはしない。また目前で害を成す者を憎まない」とあります。ここには、大乗仏教の精神があらわれています。

貧困からは、怒り、憎しみ、過ちが生まれます。仏教の教理について講義しながら、他者の苦しみをやわらげる寛容の実践を怠るならば、仏教の真髄をつかんでいるとはいえません。私たちは、貧しさゆえに怒りや憎しみを生んでしまう人びとを差別せず、蔑まずに、慈悲の心で寛容の実践をすべきです。

第七の悟り

社会の中で生きながら、その色に染まらない実践です。他者を助けるためには、社会と調和をもって生きなければなりません。五欲に溺れず、ちょうど泥の中に咲く蓮の花が清らかなまま汚れないように生きるべきです。

解放の道の実践とは、社会から逃避することではなく、そこに身を置きながら人の役に立つ働きをすることです。他者を助ける力がまだ弱く安定していない場合には、世俗の暮らし方に流されてしまうかもしれません。それゆえに菩薩たちは、五欲の有害な性質を深く見つめ、分け隔てない寛容の実践をするために、簡素な生き方を固く決意するのです。

社会に生きながらその影響に染まらないために、六波羅蜜《ろくはらみつ》の実践があります。波羅蜜とは、人を彼岸へと渡す手助けをする働きです。彼岸は、病、貧困、飢え、無智、欲と愛着、そして誕生と死から解放された場所のことです。与えること、戒を守ること、耐え忍ぶこと、勤勉に励むこと、瞑想すること、深く理解すること*――この六種が六波羅蜜です。

第八の悟り

私たちは、他者を助けるための確固たる決意を固めなければなりません。人に手を差し伸べることに伴うどんな困難や危険や苦しみをも乗り越えるという、深く真摯な誓いを立てるのです。社会には限りない苦しみが満ちています。ですから、他者を助ける実践への意志と献身も無制限でなくてはなりません。

この大乗の精神（菩提心《ぼだいしん》）**が、分け隔てなく寛容の実践をするための動機を呼び起こす、尽きないエネルギー源になります。菩提心があれば、社会で出会う多くの困難や屈辱にも耐えることができ、真理の道を進み続けることができます。それが他者にも大きな幸福を与えるのです。

---

*——布施、持戒（じかい）、忍辱（にんにく）、精進、禅定、智慧。

**——パーリ語でボディチッタ。「悟りと衆生救済」を強く願う心のこと。大乗仏教では菩薩の誓いである「四弘誓願」（しぐせいがん）と同じ意味で使われることがある。

日常に生かすための実践のヒント

大乗仏教の六波羅蜜は、ある意味でこの経典の精神を汲んでいます。「大いなる人の八つの悟り（八大人覚）」の経典は、非常にすぐれた瞑想の手引きです。しかし、経典の指示通りに瞑想するだけで、私たちの生き方が変化しないなら、教えの主旨を理解しているとはいえません。その恩恵を十分受け取るには、瞑想の実践と教えの実行が必要です。これらは、この経典の智慧にもとづいた、日常で生かせる十一のガイドラインです。

一　体について瞑想する際には、病気にかからないよう望んだり祈ったりしないこと。病気がないときに限って、私たちには欲や愛着が生じやすい。

二　社会の中で活動するときには、問題が起こらないよう望んだり祈ったりしないこと。問題がないとき、私たちは傲慢になりやすい。

三　心について瞑想するときには、障害に出会わないよう望んだり祈ったりしないこと。障害がなければ、自分の認識が試されることも広がることもない。

四　働くときには、邪魔が入らないよう望んだり祈ったりしないこと。邪魔が入らなければ、人を助けるという誓いが深まらない。

五　計画を立てるときには、すぐに成功するよう望んだり祈ったりしないこと。

容易に成功を手にすると、私たちは傲慢になりやすい。

六　人と付き合うときには、そこから個人的な利益を得ようと望んだり祈ったりしないこと。個人的な利益を望むことで、出会いの精神的な意味が薄められる。

七　人と話すときには、意見の相違がないよう望んだり祈ったりしないこと。意見の相違がないとき、みずからの正当化がはびこりやすい。

八　人を助けるときには、見返りがあるよう望んだり祈ったりしないこと。報酬を望めば、人を助ける行為の純粋さが失われる。

九　活動の中に個人的な利益の存在を認めたなら、それには参加しないこと。

そうした活動に少しでも関われば、欲と愛着が生まれるだろう。

十　勘違いから責められるときには、身の潔白を明かそうとしないこと。自分を守ろうとすれば、不要な怒りと憎しみが生まれることになる。

十一　ブッダは、病や苦しみを卓効のある薬と呼んだ。困難や災厄に見舞われるときは、自由と悟りの機会でもある。障害は解放にも変化しうる。ブッダは、悪魔の軍が法の護衛にもなりうると言った。成功には困難が必要だ。人に辛くあたる者は、良き友にもなりうる。あなたに対立する者は、果樹園や畑のようなものだ。人に尽くす行為は、古い靴を投げ捨てる行為と同様に卑しくなることがある。あふれるばかりの物の所有は富を生むが、勘違いから責められることは正義のために働く力のもとになるのだ。

原注

◇1――この経典は、ペルシャの僧、安世高によって後漢時代に洛陽で翻訳された。本経典の原典は、数個の小文が統合されたもの。また、経典の内容は、大乗仏教とテーラワーダ仏教の教えに完全に添ったものである。

◇2――四つの要素とは、地水火風のこと。

◇3――五蘊とは、物質（体）、感覚、認知（知覚）、心の形成、意識のこと。

◇4――菩薩は「目覚めた存在」であり、自分と人が目覚め、苦しみから解放されるために働く。

◇5――四魔とは、煩悩魔（不健全な精神要素）、五蘊魔、死魔、天魔（夢想や正念の不在などの心の散乱）のこと。

◇6――三界とは、欲界、（欲と愛着を離れた）色界、（心の機能のみがある）無色界のこと。

◇7――五欲とは、財欲、色欲、飲食（おんじき）欲、名欲、睡眠欲のこと。五塵ともいう。

◇8――法身とは、目覚めの教えの本体のこと。

◇9――涅槃とは、誕生と死からの解放をいう。

◇10――四聖諦とは、苦（苦しみの存在）、集（苦しみの原因）、滅（苦しみの終わり）、道（苦しみを終わらせる八正道）のこと。

◇11――依存生起（縁起）とは、すべての現象は単独で生まれ存在するのではなく、他の現象との因果関係の網目の中で互いに依存し合っているということ。

◇12――原注7を参照。

◇13――四つの基盤とは、体、感覚・感情、心の状態、心の対象である。

幸福についての教え

マンガラ・スッタ

幸福についての教え（吉祥経）

ブッダがあるとき、シュラヴァスティの近郊、ジェータの園の祇園精舎に滞在しておられたとき、私はこれらの言葉を聴いた。夜遅くにひとりの神があらわれ、その光と美はジェータ林をくまなく輝かせた。神はブッダを恭しく拝してから、詩をもってこのように問うた。

「多くの神と人が知りたがる
安らぎと幸福に満ちた人生をもたらす

もっとも大いなる恵みとは何か
如来よ、どうか教えてください」

(ブッダは答えて)

「愚か者たちと交わらず
賢者たちとともに生きること
尊敬すべき人びとを尊敬すること
それこそもっとも大いなる幸せだ」

「良い環境に暮らし
良き種をまきながら

自分が正しい道を歩んでいると自覚する
それこそもっとも大いなる幸せだ」

「学び育つ機会に恵まれて
自分の職や手技を磨き上げ
戒律を守り、愛ある言葉を使う
それこそもっとも大いなる幸せだ」

「両親を支え、役立つことができ
家族を大切にして
仕事に喜びがもてること

それこそもっとも大いなる幸せだ」

「誠実に暮らし、惜しみなく与え
縁者や友人に手を差し伸べて
後ろ指さされることなく生きていく
それこそもっとも大いなる幸せだ」

「悪しき行いを避け
酒や麻薬に溺れることなく
根気よく善行をなしていく
それこそもっとも大いなる幸せだ」

「頭が低く礼節をもち
感謝しながら簡素な暮らしに満足し
ダルマを学ぶ機を逃さない
それこそもっとも大いなる幸せだ」

「たゆまず努力を続け、変化をいとわず
僧や尼僧とつねに交わり
仲間と真理について熱心に語り合う
それこそもっとも大いなる幸せだ」

「勤勉でかつ目覚めた心で暮らし
『聖なる真理（四聖諦）』を理解して
涅槃を実現する
それこそもっとも大いなる幸せだ」

「俗世の中で暮らしながら
俗世に心を乱されず
悲しみは消え、安らぎに浸《ひた》る
それこそもっとも大いなる幸せだ」

「これらを成し遂げる者は

どこへ行こうと打ち負かされることはなく
どんなときでも無事で幸せだ
幸福はこうした者の中に生きるだろう」

経典解説

「幸福についての教え（吉祥経）」のパーリ語版は、「マンガラ・スッタ」[1]と言います。マンガラとは吉兆のこと、何かが訪れる知らせ――とくに幸福や繁栄をもたらす良きものの訪れを指します。また、恵みを意味する場合もあります。経典でブッダは、私たちに幸福をもたらすような、もっとも重要な恵みについて説いているからです。

「大いなる人の八つの悟り」と同じように、この「幸福についての教え」も、全体を俯瞰するだけでなく、瞑想に応用するために一節ずつに分けることができます。わかりやすいように、以下、節ごとに掲載し、解説を加えることにします。

「愚か者たちと交わらず
賢者たちとともに生きること
尊敬すべき人びとを尊敬すること
それこそもっとも大いなる幸せだ」

良心と、賢さと、やさしい心のある友人たちを身近にもつこと、それは大きな恵みです。心の中と周囲の両方にまっとうで健やかな環境がなければ、私たちは幸せにはなれません。美しく豊かさを与える生活の場が必要です。それが、私たちに欠かせない安全と自由を与えてくれるのです。

人にやさしく接し暴力や盗みやいじめに染まらない、そしてアルコール、麻薬、博打などに溺れることのない仲間にかこまれて暮らすことほど、大きな恵みはありません。

愛と理解の実践を行うコミュニティ（サンガ）は、アルコールや麻薬、軽はずみなセックスなどに対する最良の解毒剤です。苦しいときに、人はそういった気晴らしによって心の痛みを忘れようとします。しかし、苦痛から一時的に気をそらすことができても、本当の癒しにはならないのです。

コミュニティは私たちを支えてくれる家族にもなります。日常的にお付き合いする人をすべて好き勝手に選ぶことはできませんが、やさしく徳のある人たちと関わりながら生きる選択はできます。尊敬に価する大きな徳を備えた人たちとの付き合いは、尽きない幸福をもたらす条件になります。

「良い環境に暮らし
良き種をまきながら
自分が正しい道を歩んでいると自覚する

それこそもっとも大いなる幸せだ」

「良い環境に暮らす」とは、周囲の雰囲気やすべての活動がそこにいる者を潤し、コミュニティをつくる流れのある場に身を置くという意味です。こうした環境的基盤なしには、真理の道を進むことは難しいでしょう。心をこめ、気づきをもって仲間とともに瞑想し、食事し、働くとき、私たちの安らぎと調和は培われます。

物理的な環境と人の存在は、非常に大切です。ひとりで家に居るときには、十五分間座るのも無理に思えることがあります。他にしなければならないことがたくさんあるのにとか、ひとりで座ったところで意味がないと思ったりするのです。

しかし、まわりの人がみな座っていたら、瞑想はずっと楽になります。だからこそ、豊かな環境づくりが必要です。この支えがあって初めて、私たちは自分と人のための喜びの源となれるのです。

仏教で「サンガ」と呼ばれるこのコミュニティは、「時間」と並んで、私たちの万能薬の二大成分です。数年間毎日この薬を飲み続ければもう大丈夫です。あなたはサンガという土壌に深く根を張る樹となり、幸福と愛を味わうでしょう。そうすれば血縁の家族やコミュニティや社会に戻って、人を助ける力を発揮することができます。

誰にとってもサンガづくりの技を学び、人生の中に心の滋養となる調和のとれた環境をつくり出すことは欠かせません。そうした基盤がなければ正しい道を歩み続けることは難しく、私たちは地獄や餓鬼の世界に陥りやすくなります。

地獄を見るのに、この地上を離れる必要はありません。地獄はあらゆるところに、私たちが住むこの町にさえ存在します。あなたが今まで行ったことのある地獄、かつて住んでいた地獄は、まさに現実そのものです。もしかするとみなさんは、虐待、暴力、残虐、怖れ、依存などにとらわれたことがあるかもしれません。憎しみ、妬み、陶酔などの強い感情にさらわれ、不健全な行いに走ったこともあるでしょう。

世界中で数えきれないほどのいのちが、戦争や貧困、不正、環境破壊などの状況の中で苦しんでいることを、誰もが知っています。

餓鬼とは、食物を果てしなく貪り求めながら、食べることの叶わない亡霊のことです。彼らは虚構ではありません。彼らは私たちのあいだに人間として生き、食物や衣服に恵まれながら、智慧、愛情、希望、信じる対象に飢えている存在です。

私たちは、各地にコミュニティを少しでも増やしていかねばなりません。そうすれば、餓鬼たちがそこに避難することができます。調和のあるコミュニティの空気の中で、餓鬼たちはくつろぐことができ、彼らの苦しみのもつれは解かれていくのです。

心を潤わせてくれるコミュニティが近くにあれば、安定と、くつろぎと、解放への本道を見つけることができます。真理の道を歩むのはすばらしいことです。その道が見つかっただけでも、大きな幸福でしょう。そうなれば、怖れることも混乱することもありません。道を知ったとき、喪失感、混乱、絶望などは消え去ります。その幸福は、すぐに手に入るのです。

「学び育つ機会に恵まれて
自分の職や手技を磨き上げ
戒律を守り、愛ある言葉を使う
それこそもっとも大いなる幸せだ」

「学び育つ機会に恵まれて」とは、ダルマを学び良い教育を受ける機会に恵まれるということです。学ぶということは、毎日が学びであるという意味です。たとえブッダでさえもそれを免れません。

人や環境に害を及ぼさない仕事をもちたいものです。仕事の技術を学ぶと同時にそれを生かせば、自分と家族を支えていくことができます。それだけで十分大きな恵みでしょう。

多大な利益を生む仕事はたくさんありますが、倫理が伴わなければ、私たちは夢の中でうなされるようになるでしょう。そうした仕事は人や環境に害を与えるばかりか、結果的に嘘をついたり真実を隠したりすることになります。もうけがあっても、そこからは大きな苦しみが生まれます。心の底にまで到達する苦しみです。

慈悲をあらわせるような仕事を見つけられれば、生まれる利益はささやかであっても幸福が感じられます。人や環境を傷つけることがない職に就くことによって慈悲を現実化することができれば、真に大きな幸福が訪れることでしょう。

二五〇〇年前、ブッダは在家の弟子たちが平和で健やかに過ごし、幸福な人生を送れるよう、五つの戒（生活の指針）を授けました。プラムヴィレッジでは五つのマインドフルネス・トレーニングと呼んでいます。

自分の体、感覚、心、まわりの世界に起こる現象（ダルマ）への気づき——マインドフルネスが、これらのトレーニングの基盤になります。マインドフルネスによって私たちは、自分と人を傷つけることをやめ、自分、家族、社会を守り、現在と未来の安全と幸福をたしかなものにできるのです。

仕事に満足し戒を守って暮らしていても、愛をこめた言葉で話す実践を日々怠らず、人にとげとげしい言葉を使わないようつねに努めることが必要です。愛のある言葉を使えば、誤解を避けることができ、大きな苦しみも生まれません。人からどんなにきついことを言われても、必ず愛のある言葉で応えれば、自分の苦しみは軽くてすむのです。

暴力的で心ない相手に対しても、理解と慈悲を向ければ、気持ちを明るく保ち、コミュニケーションをうまくとれるようになります。その人が喜びをもてず、心の中の怒り、暴力、偏見などの犠牲者であることがわかれば、受け入れられるのです。

心に慈悲と理解があるとき、私たちは、人を罰したり、仕返ししようとする気持ちに突き動かされることはなくなります。愛ある言葉が自然と口から生まれ、コミュニケーションが可能になります。

真のコミュニケーションなしには、幸せもありません。愛ある言葉を交わせる家族、友人、心の支えとなる仲間とともに暮らせるなら、それはまぎれもない日常の恩恵です。この地上で実現可能である幸福という恩恵を、ブッダは次のようにあらわしました。

「両親を支え、役立つことができ
家族を大切にして
仕事に喜びがもてること

それこそもっとも大いなる幸せだ」

両親は、小さいころからあなたを育て、世話をしてくれました。今大人になったあなたは、両親に支えてもらったお返しができます。それこそがもっとも高貴な恩恵です。両親の手助けにはさまざまな道があります。経済的な余裕があれば、金銭的なサポートをすることができるでしょう。

しかし、気持ちによる精神的なサポートもあります。金銭の援助はとてもよいことですが、経済的な問題よりも心に苦しみを抱えている人のほうが多くいます。瞑想を実践し、マインドフルネス・トレーニングを指針として守れば、私たちは家族の支柱となり、家族が苦しく困難なときの支えになることができるのです。

出家者のもつ長い歴史は、この事実を証《あか》しています。俗世間での職をもたず、両親に仕送りすることができなくても、比丘が平静さと幸福に満ちて、たゆみなく修行に努めていれば、多くの人の助けになることができ、彼らの家族もそこから恩恵を受けます。また家族が大変なときも、精神的に導くことによって、和解をもたらす役割を果たせるのです。

修行が順調に進んでいる比丘は、たとえ非常に若くても家族を導くことができます。そのとき出家は普遍的な愛のあらわれとなり、家族の中に心を開いて入っていくことによって、兄弟姉妹たち、叔父も叔母も耳を傾けるようになるのです。

家族の役に立つために、わざわざ出家する必要はありません。言葉に愛をこめ、結果に対する執着を手放し、怒りや妬みではなく思いやりと愛にもとづいた行動を心がければ、誰もが家族を支える柱になることができます。

瞑想する目的は、裕福になることではありません。自分の心の苦しみを変容させ、落ち着きと、安らぎと、幸福のうちに生き、家族やまわりの人たちとその幸福を分かち合うことです。まわりの人たちを幸せにできることがわかれば、自分の幸せも飛躍的に高まります。これは本当に現実の中で起こることであり、思い込みではありません。

五〇〇人が参加して行うリトリートでは、実践を経験したあと、非常に多くの方たちがやって来て感謝を述べてくれます。その人たちの心に変容が起こったことがわかります。一人ひとりが深く安心して、自分の愛する能力に目覚めたとき、家族や大切な人との衝突を乗り越えて和解することができるようになるでしょう。

大切な人との長いいさかいの終わり――それはその場ですぐに生まれる大きな幸福のもとです。実践の実りである幸福の収穫のために、十年も待つ必要はありません。

「誠実に暮らし、惜しみなく与え
縁者や友人に手を差し伸べて

後ろ指さされることなく生きていく
それこそもっとも大いなる幸せだ」

「誠実に暮らす」とは、徳によって行動し、公正さをもち、人生に身を捧げるということです。寛容さには、お金や物質的な富、技術などの知恵を分け与えること（財施）以外に、お金を必要としないものもあります。富、物品、知識などは、多くある布施のひとつに過ぎません。

もうひとつの布施とは、ダルマ（法＝真理の教え）を差し出すこと（法施）です。私たちはどんなときでも、苦しみをやわらげる実践を人に伝え、自分自身をその手本とすることができます。これは、金銭を与えるよりもはるかに貴い布施です。

さらにもっとも貴いのが三番目の「無畏《むい》（怖れのない心）」を差し出すこと（無畏施）です。人生でもっとも大きな贈り物は、怖れなしに生き、その生き方を人にも伝えることです。物品の布施、ダルマの布施、そして無畏の布施は、どれも観世音菩薩からの贈り物です。

多くの人が怖れの犠牲になっています。誰かの怖れをやわらげることができれば、それは相手への最大の贈り物になります。まわりの人を手助けできれば、私たちの人生は幸福で満たされるでしょう。

しかしみずからの名声や富を築くためだけに一生を費やすならば、幸福は見つかりません。多くの富、大きな家、ぜいたくな車があっても、それらは真の幸福とは別物です。私たちは身のまわりにいる人たちを助けて初めて、本当の幸福を味わえるのです。

それには、まず身近な家族や友人たちから始めてください。日常の範囲を越えたところにいる人たちを救うためには、自分の家族、縁者、友人などから助けなければなりません。サンガの仲間にそれができるなら、大切な人たちを助けることは確実にできます。ふだんから仲間を助けることができずに、それ以外の人に何ができるでしょうか？

　何よりもまず、まわりの人たちの苦しみをやわらげることに力を注いでください。それこそが、もっとも高貴な恩恵です。その恩恵はけっして尽きることがありません。

　自分の行為に後悔をもたずにすむことも、大きな幸福のもとです。それは、人に向けた言葉と行動について、まったく悔いるところがないということです。自分自身に聞いてみてください。「先生や友だち、父や母にしたことで、私に後悔はないだろうか？」

　この自問によって、わずかな後悔も前もって避け、自分の言動によって人を傷つけないように気をつけることができます。

　私たちの言動が人を傷つけることがなければ、自責の念を引きずらずに未来を向くことができます。後悔の重荷を背負ったままでは、幸福はやって来ません。過去に過ちを犯し、言葉で人を傷つけても、過去の行為や後悔を「新たに出なおす実践[◇2]（懺悔）」によって変容させることができます。
未来の自分の行動や言葉を平和で満たそうと真剣に取り組めば、持続する幸福が舞い戻ってきます。新たな気持ちで後悔につながるような言動を繰り返さないと決意することによって、心は浄められ輝きを増して、過去の落ち度や過ちはさっぱりと洗い流されるでしょう。

これはブッダの教えによる実践です。過ちは心に発するものです。心を変えることで、これからは同じことを繰り返さないという決意ができるようになります。心しだいで私たちは即座に清浄になれるのです。罪悪感は消え失せ、過去の暗がりは霧散します。これを「有益に悔やみ（慚《ざん》愧《き》）、新たに出なおす（懺悔）」実践と呼びます。

過去の誤った行動や言葉を繰り返さないと、自分自身とサンガに誓うことを決意したとき、初めて過ちと罪悪感は消えます。しかしそれには強い決断が必要です。サンガとブッダの前で誓いを立てなければ、その決意は弱いままで終わってしまうでしょう。
跪《ひざまず》いて大地に触れる、新たに出なおす実践をする、五つのマインドフルネス・トレーニングを受ける＊――それらによって過去からの罪悪感は速《すみ》やかに消え去るでしょう。罪悪感という重荷を降ろしたとき、罪悪感自体が消え失せます。

これが仏教における「慚愧と懺悔」の実践の原理であり、罪悪感のかけらもなしに行為することにつながります。これは「清浄な行為（梵行《ぼんぎょう》）」とも言われます。

「悪しき行いを避け
酒や麻薬に溺れることなく
根気よく善行をなしていく
それこそもっとも大いなる幸せだ」

現代社会には、孤独な人たちを次々とつくり続ける仕組みがあります。そうした絶望や孤独を抱える私たちの心の中には、空虚ができあがります。その空虚を何とか埋めよう、苦しみを忘れようとして、私たちはドラッグやアルコール、思いやりのないセックスなどをはじめとして、さまざまな気晴らしに走り、体と心を傷つけるのです。

銃や軍隊や刑罰によって、ドラッグやアルコールの問題を解決することはできません。空虚感や孤独感を癒す唯一の道は、若者が喜びにあふれて生きられるような環境をつくることです。そのために、私たち大人の生き方に喜びがなければ、子どもたちの力にはなれませんし、良い環境を整えることもできません。

＊――付録の「五つのマインドフルネス・トレーニング」参照。

人や自分を傷つけるような言葉、行動、考えは、健全ではありません。冗談でも、それが人を苦しめたり気分を害したりするなら、不健全だといえます。苦しむのは相手ばかりではなく、原因をつくった側も同じです。外見は平気なように見えても、その人もネガティブな思いに苛《さいな》まれています。加害者もまた、本人にしかわからないとしても、とても大きな苦しみを抱えうるのです。私たちの心を曇らせるものは、ドラッグ、アルコール、ゴシップなど、何であれ「酩酊の原因物質」と考えることができます。使うことで幸福感が得られる――私たちはそう考えて摂取するのですが、真の幸福とは意識が明晰であってはじめて感じられるものです。

善い行いをするにも、勤勉な努力が必要です。自分や人を幸福にする機会があったなら、ためらわずすぐに実行に移してください。人の役に立てるとき、その幸福の果実は、相手にとどまらず私たち自身にも恵みをもたらします。そうした善行は恩恵であり、その行いからは、確実に幸せが生み出されます。

「頭が低く礼節をもち
感謝しながら簡素な暮らしに満足し
ダルマを学ぶ機を逃がさない
それこそもっとも大いなる幸せだ」

謙虚であるとは、人の上に自分を置かないということです。謙虚さを身に着ければ、自分より年下の相手も含めて、すべての人に敬意を払うことができます。幼い子どもたちには、謙虚さと敬意をもって接するだけの価値があるのです。

小さい子から本当の充足と感謝を教えられることはよくあります。彼らはわずかなもので満足できるからです。一本の棒切れでさえ、子どもたちに喜びと楽しみを長い時間与えることができます。

幸せになるには、簡素な生き方を学ばなければなりません。簡素な生活からは時間がたっぷりと生まれ、私たちたくさんのいのちの不思議を体験することができるでしょう。簡素さは、新しい文化、新たな文明の基準になります。技術の進歩に伴って、現代の生活はますます複雑になってきました。買い物がほかの活動にとって代わり、満足を得るための常套手段になっています。幸福でいられるための基準は、簡素な生活を送ることと、自分の心の中やまわりとの関係に攻撃性やいらだちや怒りを持ち込まず、調和と安らぎがあることです。

私たちは限界を知り、どれだけ所有すれば自分にとって十分か自覚すべきです。それが、もっと多くという貪《むさぼ》りの心への解毒剤です。充足とは何か？　どれだけあれば足りるのか？　私たちには、すでにわかっているはずですから。

ベトナムには、「知足便足、待足何時足」という格言があります。これは、足ることを知るだけで十分だ、すべてが満足するまで持っていたら、永遠に待たねばならないぞ、という意味です。「これで十分」とは、必要最低限で満ち足りるという意味です。今もっているシャツや靴は、あと一年は使えるでしょう。三、四人でひとつの勉強机を使っても、まったくかまいません。自分だけの机を所有する必要はないのですから。

簡素な暮らしのために「これで十分」と納得すれば、十分に満足でき、即座に幸福になれます。自分の暮らしにはまだ不足があると考えている限り、幸福はやってきません。人生が満たされていると気づけば、すぐにも幸福が生まれるのです。これが、充足の実践です。

ベトナムには、「四つの感謝*（四恩）」という名の仏教の宗派があります。感謝をあらわすだけで、幸福は見つかります。感謝を向けるべき相手は、先祖、両親、教師、友人、地球、空、樹木、草、動物、土、石などさまざまです。太

*――『心地観経』では「父母の恩、国王の恩、衆生の恩、三宝の恩」といわれるが、その他にも経典によっていくつかの分類がある。

陽の光や森を見るだけで感謝が湧いてきます。朝食を目にするだけで感謝を感じます。

感謝の心で過ごす人生には、大きな幸せがあるでしょう。感謝をもっている人は、とても幸福な人です。心に感謝がないなら、その人は幸福になることはできません。

法話を聴く機会があるなら、聴きに行ってください。ダルマを学ぶことのできるあらゆる機会を生かしましょう。それはたんなる講義ではなく、心を開いて意識の奥底まで真理を導き入れ、その滋養を受け取るまたとないチャンスなのです。法話を聴くことで、誤解や無智を心から取り去ることができます。それは貪り、怒り、憎しみなどに別れを告げる機会です。

心から毒が取り除ければ、気持ちは軽く、心が解き放たれて、幸福を感じられることでしょう。幸福はまず心の中からやってくるのです。

こうした道筋を歩みながら生きる人は、尽きない幸福を手に入れます。

「たゆまぬ努力を続け、変化をいとわず
僧や尼僧とつねに交わり
仲間と真理について熱心に語り合う
それこそもっとも大いなる幸せだ」

私たちが理性に道を譲り、怒りや恨みを抱かずに人からの忠告を受け入れるなら、心に幸せが満ちていることがわかります。とても難しいことですが、仲間から誤りを指摘された場合の最良の応え方は、心と表情にやさしさをたたえ、感謝をもって合掌し頭を下げることです。

僧や尼僧と接して得られる恵みは、ダルマを学ぶ機会です。だから、プラムヴィレッジに来ると、子どもたちや若者たちはブラザーやシスター（僧と尼僧）と一緒にいたがるのでしょう。それは大きな恩恵です。

ダルマ・シェアリング（真理の分かち合い）は、自分の気持ちを伝え、人の言葉を聴いて学べる貴重な機会です。そこでは自分の喜び、困難や洞察、経験や疑問を分かち合います。愛のこもった言葉を使い、深く聴くことを実践し、子どもたちやさらにその子どもたち、より広い社会、地球全体に良い環境を残す手立てなど、ふだんから関心のある重要な課題について話すこともできます。

「勤勉でかつ目覚めた心で暮らし
『聖なる真理』を理解して
涅槃を実現する
それこそもっとも大いなる幸せだ」

「勤勉で注意深く暮らす」とは、歩く、立つ、横になる、座る、働く、食べるなど、何をするにもマインドフルに行うという意味です。

ここで言われている聖なる真理（四聖諦《ししょうたい》◇3）は、仏教のもっとも中心になる実践です。四聖諦のおかげで、実践と涅槃の実現が可能になります。

涅槃とはこの現実の真っ只中において、苦しみがなく、安定と、自由と、健やかさに満たされた状態です。この世に居ながらにして、完全に苦しみから解放され、苦しみが消え去った状態を、涅槃に至ったと言います。すべての苦痛は解け、絶対的な静けさだけが残ります。これ以上に完璧な幸福の定義はありません。

過去に良き種を蒔いていれば、智慧のある人たちと交わる機会が訪れます。良い環境の中にいれば、安らぎ、喜び、仲間との集い、幸福などの良い種を蒔くことは容易になります。

このようにして私たちは今、心地よく軽やかに精進する健やかなサンガのただ中に座る機会に恵まれました。過去に蒔いた良き種の恵みを、まさにここで受け取っているのです。この道をたゆまずに歩み続け、良い環境を手放さぬようにしてください。

「俗世の中で暮らしながら
俗世に心を乱されず
悲しみは消え、安らぎに浸《ひた》る
それこそもっとも大いなる幸せだ」

この世に身を置きながら、心は揺るがず落ち着いています。見るもの聞くものに、そのつど動揺させられる必要はありません。
手放すことは幸福に欠かせない実践です。私たちの身心を傷つけるような影響から距離を置けば、多くの不安や気がかりを手放すことができます。それらは私たちを消耗させ、心の豊かさに必要ないのちの不思議に触れることを妨げるものです。

私たちが手放せないものは、数多くあります。しかしそれによって、より大切なものとの出会いを逃し、手を伸ばせばそこにあるはずの清々しく癒される要素に触れることができなくなるのです。私たちは牢獄に閉じ込められているも同然です。不安や気がかりなどはじつはどうでもいいことだとわかれば、手放すことができます。そうすれば、幸せはすぐに訪れるのです。

それは、町を離れて田舎へ向かう体験にたとえられるでしょう。四十五分か一時間くらいで市街地を抜け、丘の連なりが見え始め、そよ風が頬を撫でるころには、町を離れることができた満足感がやってきます。誰もがこんな経験をしたことがあるでしょう。

上手に手放すことができる人に出会ったことがあるでしょうか？　友人のうちの誰か、教師のうちの誰かが、あなたに不安や貪りや心配を手放すことを教え、導いてくれるかもしれません。そうした人がいれば、今ここにあるいのちの不思議に自由に出会えるようになります。

この世に居ながら、人生の浮き沈みに煩わされず苦しみに飲み込まれない人がいたなら、その人は自由と揺るぎなさを体現しています。そうした人との出会いは、もっとも高貴な恩恵です。その平静さを身に着ければ、現世の苦しみはことごとく解け、私たちは不屈さと完全な安らぎを手に入れることでしょう。今この瞬間の幸福を実現すれば、私たちもそのようになれるのです。

「これらを成し遂げる者は
どこへ行こうと打ち負かされることはなく
どんなときでも無事で幸せだ
幸福はこうした者の中に生きるだろう」

世尊ブッダは、過去の出来事にもとづいて未来を予測してはならないと言いました。今現在の行為から未来をつくり出すべきなのです。行為とはカルマ

（業《ごう》）*です。思考や言葉、意志、態度もカルマです。ダルマにおいて生きれば、私たちは自分自身の恵みをつくり出すことができます。

私たちの幸せは、次の生にまで携えていけるほど永続します。どんな状況に投げ込まれても、幸福を見つけることは可能です。

あなたがどこへ行こうとも、ダルマの確かな守りが感じられるでしょう。どこへ行こうとも、強く揺るぎない心がもてるでしょう。その安定は実践から生まれます。もっとも大きな恩恵は、空から振ってきて手の中に落ちてくるわけではありません。最大の恩恵とは、私たち自身が生み出すことのできる幸福のことなのです。

*——身口意（〔しんくい〕体と言葉と心による行為＝三業）によるすべての働きかけが、その結果を生み出すということ。ゆえに、つねに今どうあるかが未来を決定することになる。

五つのマインドフルネス・トレーニング

1．いのちを敬う

いのちを破壊することから生まれる苦しみに気づき、相互存在を洞察する眼と慈悲とを養い、人間、動物、植物、鉱物のいのちを守るための方法を学ぶことを誓います。私は、けっして殺さず、殺させず、自分の心と生き方において、世界のいかなる殺害行為も支持しません。有害な行為は、差別や二元的思考から生まれ、怒り、怖れ、貪り、不寛容から生じることを見抜きます。私は寛容さと差別のない心を育て、自分の見方に執着せず、自分の心と世界にある暴力、狂信、教条主義を変えていきます。

2．真の幸福

搾取、社会的不公平、略奪、抑圧による苦しみに気づき、自分の心、発言、行動をもって寛容さ（布施）を実行に移すことを誓います。私はけっして盗まず、他に属するものを所有せず、私の時間、エネルギー、持ち物を、必要とする人と分かち合います。深く見つめる実践によって、他の幸福と苦しみは私の幸福と苦しみとひとつであること、理解と慈悲なしに真の幸福はありえないこと、富や名声や権力や享楽の追求は大きな苦しみと絶望をもたらしかねないことを理解します。幸福は外的な条件ではなく、心のもち方によって決まるものです。幸福になるための条件がじゅうぶんに備わっていることを思えば、今ここで幸せに生きることができます。私は正しい暮らし方（正命）を通して、地球に生きるものたちの苦しみを減らし、温暖化を軽減するよう働くことを誓います。

3．真の愛

性的な過ちによる苦しみに気づき、責任感を育て、個人、カップル、家族、社会の安全と誠実さを守る方法を学ぶことを誓います。性欲は愛ではなく、貪りによる性行動は、つねに自分と相手を傷つけることを知ります。真の愛と、家族や友人から認められた深く長期的な関わりなしには、けっして性的な関係を結びません。力をつくして子どもたちを性的虐待から守り、性的な過ちによってカップルや家族が崩壊しないよう努めます。体と心がひとつであることを理解し、自分の性的なエネルギーを適切に扱うことを学び、真の愛の四つの基本要素（四無量心《しむりょうしん》）を育てます。真の愛を実践すれば、それがすばらしいかたちで未来につながっていくと信じます。

4．愛をこめて話し、深く聴く

気づきのない話し方と、人の話を聴けないことが生む苦しみに気づき、愛をこめて話し、慈悲をもって聴く力を育てます。自分をはじめとして、人びとや民族や宗教集団や国家間に存在する苦しみを見抜き、和解と平和をうながすことを誓います。言葉が幸せも苦しみもつくり出すことを自覚し、信頼、喜び、希望を与える言葉を使って、誠実に話すことを誓います。心に怒りが生じているときはけっして話しません。マインドフルな呼吸と歩く瞑想によって、その怒りを認めて深く見つめる実践をします。怒りは、私自身の間違った認識と、自分と相手の苦しみへの理解不足から生まれる可能性を認めます。自分と相手が苦しみを乗り越え、困難な状況から出口を見いだせるような話し方、聴き方をします。確信のないことを言いふらさず、分裂や不和を引き起こすような言葉を発しません。誠実な勤勉さ（正精進）で私の理解、慈しみ、喜びと受容（平等心）を養い、意識の奥深くにひそむ怒り、暴力、怖れを少しずつ変えていきます。

5．心と体の健康と癒し

気づきのない消費によって生じる苦しみに気づき、

マインドフルに食べ、飲み、消費することを通して、自分と家族と社会に身心両面の健やかさを育てていくことを誓います。食べ物、感じ方、思い、意識という、四種の栄養の消費の仕方（四食《しじき》）を深く見つめる実践をします。私は賭けごとをせず、アルコール飲料、麻薬のほか、特定のウェブサイト、ゲーム類、テレビ番組、映画、雑誌、書籍、会話にいたるまで、毒を含むものをけっして摂取しません。今ここに戻るための実践を行って、自分の内とまわりの癒しと、滋養のあるすがすがしい要素に触れます。後悔や悲しみによって過去に引き戻されたり、不安や怖れや貪りによって今ここから離されないように気をつけます。消費に没頭することで、孤独や不安やその他の苦しみをごまかそうとしたりしません。相互存在の真理をよく見つめ、私の体と意識に、私の家族や社会や地球という集合的な身体と意識に、安らぎと喜びと健やかさをたもつような消費の仕方を実践します。

原注

◇1――マハマンガラ・スッタ（大吉祥経）とも呼ばれ、経集（スッタ・ニパータ）や小誦経（クッダ・カパータ）に見られる。ブッダの前世物語（ジャータカ）にも含まれる。動物の寓話として語られることが多い。

◇2――この儀式については、"Chanting from the Heart" (Berkeley, CA: Parallax Press 2006）参照。『ブッダの幸せの瞑想』（サンガ）の一四三ページにも解説がある。また『大地に触れる瞑想』（野草社）は、その全体が大地に触れつつ「新しく出なおすための」実践となっている。

◇3――一三四ページの原注10参照。

訳者あとがき

本書は、Thich Nhat Hanh, Our Appointment with Life : Sutra on Knowing the Better Way to Live Alone, Parallax Press（二〇一〇年、初版一九九〇年）と、Thich Nhat Hanh, Two Treasures : Buddhist teachings on awakening and true happiness, Parallax Press（二〇〇七年）を合わせて翻訳したものです。

「はじめに」で記されているように、本書が取り上げている三つの経典は、ティク・ナット・ハン師（愛称タイ）自身によって、「ブッダの〈気づき〉の瞑想（四念処経）」「ブッダの〈呼吸〉の瞑想（安般守意経）」の経典を紹介した既刊の二冊と並んで、瞑想者の必読書として選定されました。

〈気づき〉と〈呼吸〉の二冊では、マインドフルネス（気づき）の瞑想の具体的な方法が、パーリ語で書かれた中部（マッジマ・ニカーヤ）の二経典によって説き明かされています。昨今よく知られるようになったマインドフルネスは、教えの原典ともいえるこれらを無視して語ることはできません。その意味でも欠かせないテキストですが、本書は同じく中部に見られる経典ながら、瞑想の方法や内容よりも、それにあたっての基本的なあり方や瞑想のテーマに焦点が当てられています。

本書「ブッダの〈今を生きる〉瞑想」で、マインドフルネス瞑想をたんなる技法ではなく、ブッダの根本的な教えからとらえているところにあります。言葉を換えれば、何のために瞑想をするのか、という問いかけへの答えにもなるでしょう。正しい技法を用い、努力や持久力によって瞑想に取り組みさえすれば、私たちの深い望みである「苦からの解放」は本当に実現するのでしょうか?

私たちが陥りがちな罠は、瞑想にさえも特定の効果を期待して「執着」するということです。それは、この世で生きる処世術として、現実的な効果を狙い、合目的な生き方に添うよう瞑想を活用するということになります。

そこには、何事も自分の利益に照らして判断するという、自我の強い働きが絡んでいることが否定できません。私たちがその中で育ち、培ってきたそうした自分優先の「思考のパラダイム」の外に出ない限り、せっかく手にしたマインドフルネスという恵みもすぐに色あせ、処世的な技法と何ら変わりのないものとして使い捨てられかねないのです。

「ひとりで生きる」のは、今ここに生きることだとブッダは言っています。またそれとは逆に、つねに誰かとともにいるとは、「欲や執着が私たちを対象に縛りつけている状態」「そうした幻影と共棲している状態」であると喝破します。欲や執着の対象は、良きものでも悪しきものでも同じです。ひとりになるとは手放すこと、悪夢から覚めること、ブッダはそう言っているのです。

本書中でタイはそれを、「『ひとりで生きる』、それは自分自身の主となること、今の状況から生まれた強い感情によって、過去に心を奪われたり未来への怖れにとらわれたりせずに、心から解放されているという意味」と言いあらわしています。

社会の中に生きる私たちにとって、常識など社会共通の価値観を「了解していること」は欠かせない条件ですが、それによって自分をつねに裁き、監視し、判断している限り、けっして「ひとり」にはなれず、心が自由になることもないでしょう。

仏教の教えはけっして反社会的ではありませんが、既存のパラダイムから脱出せよ！と説く姿勢は非常にラディカルです。ブッダは「人に引きずられるな、あなた自身を確立せよ」と私たちに迫ってきます。まわりと合わせる、顔色をうかがうなどの傾向が強く、自分の真意がどこにあるのか見失いがちな私たち日本人にとっては、とくに耳の痛い指摘ではないでしょうか？

一方で本書においてもタイは、サンガの重要性を強調しています。慈悲による支え合いと集合的な目覚めは、「二十一世紀のブッダはサンガである」というひとことにあらわれています。ひとりであることとサンガであることは、本書を読めば矛盾しないどころか、どちらもなければ成立せず、「ひとりは分離」と思うことこそ私たちのもつ概念に過ぎないことがわかります。

本当の自分（本当の家）に戻ったときすべてとのつながりが見えてくる、そのインタービーイング（相互存在）の実感は、サンガのような実践をともにする共同体の中でこそ深く感じられるものです。（幻影から離れて）真にひとりになれる実践の仲間どうしだからこそ、依存のしあいではなく「わたしはあなた、あなたはわたし（一即多、多即一）」と言えるのでしょう。

ふだんからお互いに幻《まぼろし》を投影しながら生きている――それが私たちのあり方ではないでしょうか。そうすると、タイの作った慈悲に満ちた関係性の呪文「私はあなたのためにここにいます」も、幻になってしまいます。そう言えるためには、投影することをやめ、ひとりにならなくてはなりません。

タイは、ひとりになったときはじめて、仲間とともにする実践の中で相手と深く交流できること、人や自然との言語外の交流が深まることを指摘しています。現在病気で療養中のタイが、動作や発語がまだご不自由な状態ながら、身を以て示しているのはまさにこのことでしょう。

今ここに生きる――それによって自分のいのちに触れるとき、それはもはや我ではなく、すべてのいのちです。そこからしか、私たちの行動ははじまらないでしょう。ブッダはバッデーカラッタの偈で最後に、「今日を励みつつ生きること。明日を待つのでは遅すぎる」と説いています。現代人の私たちが、今ここでできることは何か？　ブッダの言葉は、どんな時代でも「今を生きる」ためのエネルギーになります。

「大いなる人の八つの悟り（仏説八大人覚経）」は、曹洞宗の宗祖道元禅師が死に臨んで引用したことがよく知られています。日本で八大人覚といえば、むしろ道元版が有名ですが、本書は原典からの翻訳のため、あえて「仏説」と付しました。

本経は、ブッダ入滅の際に弟子たちに残したと言われる言葉を文字化した「大涅槃経」「遺教経」の中心部分です。ブッダの教えのエッセンスをわかりやすくまとめたかたちになっているため、今日でも修行のガイドラインとして、多くの宗派で読まれています。

この経のタイトルは「大人《だいにん》」、つまりブッダや菩薩といった尊ぶべき覚者が正しい考えをもって確認したこと、という意味があります。本書では短く「悟り」としましたが、弟子たちに対して真理をテーマ別に提示し、修行の目安としてほしいというブッダの意図が読み取れます。

章末には、日常で実践してこそ瞑想というタイの考えから、現実に生かす行動指針がタイ自身の言葉で提示されています。

「幸福についての教え（吉祥経）」は、プラムヴィレッジのリトリートでもよく唱えられる実践の指針です。ここでは世俗的な幸福論から離れて、真に幸福であるとはどういうことかが、偈によって説かれています。経典解説では、一つひとつの項目によって瞑想する際の視点が提供されています。

一つひとつを見ていくと、とりわけ瞑想の実践コミュニティであるサンガのあり方が強調されています。サンガのあり方は、そのまま社会の中でどう生きるべきかを示唆します。幸福に生きることは、他者との良好な関係性を抜きにしては考えられません。

マインドフルネスを基盤にしながら、良い環境の中に身を置き、みずからも良い環境をつくり出す存在になる、まさにインタービーイングの実践でしょう。

本書の翻訳にあたっては、プラムヴィレッジ関連の出版を担うＵＢＣ（統一仏教教会）の提案により、関連の強い原書の二冊を合本にしました。今回も校閲の労をとってくださった、ＵＢＣのスタッフおよび日本人尼僧シスター・チャイに感謝します。また、野草社からのタイの著書翻訳では五冊目となる本書の出版を可能にしてくださった、野草社社長の石垣雅設氏と編集の竹内将彦氏の支えに、家族サンガの妻さなえと五歳の幸弥の見守りに、ゆとり家および日本のサンガの仲間の友情に感謝します。

島田啓介

早咲きの紅梅のほころぶゆとり家にて

付記

ティク・ナット・ハンによって開かれた南フランスの仏教共同体・瞑想センターのプラムヴィレッジは、誰でも訪れて気づきの瞑想をすることができます。詳しくは以下をごらんください。

ホームページ　http://www.plumvillage.org/
センターの連絡先　Plum Village
13 Martineau, 33580 Dieulivol, France
日本語での問い合わせ　japan@plumvillage.org

また、日本でもティク・ナット・ハンの方法にもとづく瞑想会や、プラムヴィレッジの僧・尼僧を招いてのリトリートや講演会が行われています。詳しくは以下のサイトをごらんください。

「微笑みの風」　http://www.windofsmile.com

著者略歴

ティク・ナット・ハン（釈一行）◎ Thich Nhat Hanh

一九二六年、ヴェトナム中部生まれ。十六歳で出家し禅僧になる。一九六〇年代初めにサイゴンで、仏教の非暴力と慈愛にもとづく社会福祉青年学校、ヴァン・ハン仏教大学、ティエプ・ヒエン（相互存在）教団を創設。一九六六年、平和使節としてアメリカとヨーロッパを歴訪。アメリカ政府やペンタゴンに平和提案を行う。その中立的な立場からの平和と停戦の主張を理由に、政府から帰国を拒否され、以後フランスでの亡命生活に入る。

フランスでは最初パリに在住、一九八二年に南部ボルドーに仏教の僧院・瞑想道場である「プラムヴィレッジ」を開き、難民を受け入れ、生活と一体になった瞑想を実践しつつ、世界中から多数の参加者を受け入れ、瞑想会（リトリート）や研修を行っている。また著作・講演活動を通じて仏教の教えと平和の実践を説く。欧米やアジアにも僧院をもち、毎年世界各地を訪れ、講演や瞑想指導を行っている。一九九五年には来日し、各地で講演やリトリートを行った。今世紀に入ってからも、ニューヨークでの非暴力と許しのスピーチ、米連邦議会議員を対象にした瞑想会、グーグル本社での講演と瞑想会、イスラエル人とパレスチナ人の和解のリトリートなど、社会的活動を精力的に行っている。

邦訳書　『ブッダの〈気づき〉の瞑想』（山端法玄・島田啓介訳、野草社）、『ブッダの〈呼吸〉の瞑想』『リトリート　ブッダの瞑想の実践』『大地に触れる瞑想』（島田啓介訳、野草社）ほか多数。

訳者略歴

島田啓介◎しまだ・けいすけ

一九五八年生まれ。精神科ソーシャルワーカー（PSW）・カウンセラー。ワークショップハウス「ゆとり家」主宰。農業をベースにした自給的生活と、からだとこころの癒しの提供に取り組む。ティク・ナット・ハンのメソッドによる瞑想会「気づきの日」を主宰。その他にも、マインドフルネスをテーマにした講演会、ワークショップ、研修を各地で開催。一九九五年のティク・ナット・ハン来日時のオーガナイズに関わる。翻訳書に『ブッダの〈気づき〉の瞑想』（共訳・野草社）、『ブッダの〈呼吸〉の瞑想』『リトリート　ブッダの瞑想の実践』『大地に触れる瞑想』（野草社）、『ブッダの幸せの瞑想』（共訳・サンガ）『怖れ』（サンガ）ほか。

ブッダの〈今を生きる〉瞑想

2016年4月10日　第1版第1刷発行

著　者　ティク・ナット・ハン
訳　者　島田啓介
発行者　石垣雅設
発行所　野草社
東京都文京区本郷 2-5-12
tel 03-3815-1701　fax 03-3815-1422
静岡県袋井市可睡の杜 4-1
tel 0538-48-7351　fax 0538-48-7353
発売元　新泉社
東京都文京区本郷 2-5-12
tel 03-3815-1662　fax 03-3815-1422
印刷・製本　シナノ

ISBN978-4-7877-1681-1　C1014

ブックデザイン──堀渕伸治◎ tee graphics
本文組版────tee graphics

野草社の本
…

ティク・ナット・ハン　島田啓介 訳

リトリート　ブッダの瞑想の実践

四六判上製／四三二頁／二五〇〇円＋税

ティク・ナット・ハン　島田啓介 訳

大地に触れる瞑想

マインドフルネスを生きるための46のメソッド

B５変型判／一九六頁／一八〇〇円＋税